Schöne Kletterpflanzen

Rolf Callauch

Schöne Kletterpflanzen

62 Farbfotos
19 Zeichnungen
zahlreiche Tabellen

E.U.
VERLAG
EUGEN
ULMER

Foto Seite 2:
In den Fugen der alten Steintreppe hat das Zimbelkraut (*Cymbalaria muralis*) Fuß gefaßt und schickt sich an, die leblose Hauswand zu begrünen. Trotz seiner Anspruchslosigkeit an Boden und Klima erfreut das Zimbelkraut den aufmerksamen Beobachter ganzjährig mit Blüten und Blättern.

Die Deutsche Bibliothek – CIP-Einheitsaufnahme

Callauch, Rolf:
Schöne Kletterpflanzen : zahlreiche Tabellen / Rolf Callauch.
– Stuttgart : Ulmer, 1995
ISBN 3-8001-6562-7

Wollgrasweg 41, 70599 Stuttgart (Hohenheim)
Printed in Germany
Lektorat: Gerhard Bley
Herstellung: Sibylle Brigel/Otmar Schwerdt
Einbandgestaltung: Alfred Krugmann, Freiberg am Neckar
Zeichnungen: Piotr Gusta
Satz: Typomedia Satztechnik GmbH, Ostfildern
Druck und Bindung: Passavia, Passau

Vorwort

Wer einmal die üppige Pracht tropischer und subtropischer Kletterpflanzen in südlichen Gärten gesehen hat, begreift die Fülle der Gestaltungsmöglichkeiten, die sie uns bieten und möchte dem auch in nördlichen Breiten nacheifern. Zwar ist die Auswahl an einheimischen Kletterern in Mitteleuropa bescheiden, doch Nordamerika, der Mittelmeerraum und Ostasien bieten eine ganze Reihe von geeigneten Arten, deren Vielfalt durch ausgewählte Sorten und Hybriden noch erhöht worden ist. Die wuchernden Klettertrompeten, Knöteriche und Glyzinen zeigen uns, daß eine scheinbar tropische Üppigkeit mit Kletterpflanzen zumindest im Sommerhalbjahr auch in einem gemäßigten (nemoralen) Klima mit Winterfrösten möglich ist. Wer weiß schon, daß der strahlend schöne »Wilde« Wein ebenfalls ein Einwanderer aus Amerika ist, so heimisch gebärdet er sich bei uns. Neben den ausdauernden Arten stehen uns frostempfindliche Kletterer zur Verfügung, die nach der Vorkultur unter Glas ab Mai ins Freiland gesetzt werden, um einen Sommer lang üppig zu blühen und zu gedeihen. Trotz der Mühe mit ihrer Anzucht entschädigen sie durch schöne Farben und Blätter, so daß die wichtigsten unter ihnen in diesem Buch vorgestellt werden. Manche eignen sich durchaus für einen Platz im Wintergarten.

Trotz der Pflanzenvielfalt und ihrer Einsatzmöglichkeiten wird immer noch zu wenig Gebrauch von Schlingern und Rankern gemacht. Zu oft verhindern unbegründete Vorbehalte oder einfach Unkenntnis die Begrünung öder Betonwände, Hausfassaden und Begrenzungsmauern. Dieses Buch möchte Vorbehalte abbauen und Hilfestellung leisten im Umgang mit Kletterpflanzen. Ihre Ansprüche und Einsatzmöglichkeiten in der Praxis werden aufgrund eigener Erfahrungen und neuerer Hinweise aus Zeitschriften wie der Gartenpraxis sowie aus den im Literaturverzeichnis angegebenen Fachbüchern vorgestellt. Bewußt konzentriert sich das Buch auf die schönsten und gut zu kultivierenden Arten, die ohne Mühe in wohl sortierten Baumschulen und Gartencentern zu besorgen sind. Es will auch den Heimwerker ansprechen, der Kletterpflanzen als gestalterisches Element endeckt und Freude an der Konstruktion von Pergolen, Klettergerüsten und Laubengängen hat. Schließlich soll auch der tiefer Suchende fündig werden und über die oft für Laien kuriosen Namen, ihre Herkunft und die Geschichte der Arten etwas erfahren. Erst dann wird mancher sich ein Bild machen und zu der Pflanze eine Beziehung entwickeln können. Die richtige Namensgebung darf dabei nicht zu kurz kommen und so wurde Wert auf eine korrekte wissenschaftliche Benennung gelegt, die über Deutschland hinaus verstanden wird. Ebenfalls wichtig erscheinen mir Angaben zur Frosthärte, die so entscheidend ist für das dauerhafte Gedeihen der Pflanzenarten.

Ich widme dieses Buch meiner Frau Monika, die mit großer Geduld die auseinanderstrebenden Triebe meiner botanisch-gärtnerischen Phantasien auf das rechte Maß zurückgestutzt hat, so daß es zu einer um so reicheren Blütenbildung kommen konnte.

Dem Verlag Eugen Ulmer sage ich Dank für die gute Zusammenarbeit und Aufnahmebereitschaft meiner Ideen.

Rolf Callauch, Bösinghausen

Inhaltsverzeichnis

Linke Seite: Die Glyzinen (*Wisteria*) sind an Langlebigkeit, Wuchskraft und Blütenreichtum kaum zu übertreffen.

Die flachwachsende Kriechspindel (*Euonomus fortunei*) kann als immergrüner Bodendecker größere Flächen bedecken. Trifft sie auf Hindernisse, entwikkelt sie einen Drang nach oben und beginnt zu klettern.

Warum Pflanzen klettern

Pflanzen haben als Kletterpflanzen eine Möglichkeit entdeckt, mit geringeren Investitionen zum Licht zu gelangen als stammaufbauende Lebensformen, wie z.B. die Bäume. Alle Pflanzen streben nach Licht, die einjährigen Kräuter im Kornfeld genauso wie die ausdauernden Stauden im Laubwald. Die Gehölze bauen als Bäume oder Sträucher Stämme auf, die sie dauerhaft näher ans Licht bringen. Unter jungen Bäumen ist der Konkurrenzkampf gnadenlos. Wem es nicht gelingt, innerhalb einiger Jahre ans Licht zu gelangen, der wird beschattet und stirbt ab. Erfolgreich sind dagegen Arten wie die Buchen, die lange im Schatten ausharren, bis sie das Licht des Kronenraums erreichen und zur Blüte und Frucht schreiten können. Alle Bäume investieren einen erheblichen Teil ihrer Energien in den Aufbau von Stämmen und Zweigen. Dies versuchen die Kletterpflanzen zu umgehen. Mit langen, raschwüchsigen Achsen, die zunächst nur wenig Festigungsgewebe enthalten, benutzen sie Bäume, Felsen, Mauern und Klettergerüste, um ihren Platz an der Sonne zu erreichen. Löst man sie von der Unterlage, so fallen sie in sich zusammen. Während der jahrelangen Längenwachstumsphase wird kein geschlossener Holzkörper ausgebildet, so daß die Flexibilität der Achsen nicht beeinträchtigt wird. Breite, unverholzte Zellagen trennen die Leit- und Festigungsgewebe voneinander, so daß sie gegeneinander beweglich bleiben. Erst im Alter entwickelt sich ein zylindrisch verholzter Stamm mit starrem Festigungsgewebe, der eine tragfähige Achse darstellt. Diese Stämme der Kletterpflanzen können wir an alten Exemplaren von Efeu, Klettertrompeten oder Glyzinen sehen, wo sie Oberschenkelstärke erreichen. Neben ihrer statischen Funktion dienen sie vor allem als Speicher für die Reservestoffe der Pflanzen, die ihnen den Frühjahrsstart nach der langen Winterruhe ermöglichen.

Zur Herkunft und Geschichte der Kletterpflanzen

Die Lebensform der Kletterpflanzen muß schon sehr alt sein, denn gerade die tropischen Ökosysteme, die seit Jahrmillionen nachgewiesen werden können, sind besonders reich an Lianen. Die uralte Gruppe der *Gnetatae*, die heute bis auf wenige tropische Arten ausgestorben ist, bestand überwiegend aus Lianen, die sich bis in die Oberkreide vor etwa 125 Millionen Jahren zurückverfolgen lassen. Kletterpflanzen leiten sich von stammbildenden Holzpflanzen ab. Mehrfach ist die Lebensform der Liane aus baumförmigen primitiven Samenpflanzen hervorgegangen. Seit der Oberkreide bis ins Alttertiär vor etwa 65 Millionen Jahren sind tropische Schlingpflanzen auch für Mitteleuropa anzunehmen. Die Jahresdurchschnittstemperatur lag damals bei 22 °C (heute 8,5 °C), so daß tropische Kletterpflanzen wie z.B. der windende Farn *Lygodium* üppig gedeihen konnten. Die Reste dieser untergegangen Tropenflora sind in den Braunkohlelagern erhalten geblieben. Heute in der gemäßigten Zone wachsende Kletterpflanzen sind nachweislich Teil der damals polnahen arktotertiären Flora gewesen, deren fossile Reste auf 65 Millionen Jahre v. Chr. datiert werden. In jenem fernen Zeitalter reichten warmtropische Klimaverhältnisse viel weiter in den Norden

Linke Seite: Jahrzehntelanges Wachstum läßt Glyzinen Stämme bilden.

und nur in Polnähe konnten sich Gattungen wie *Vitis* (Weinrebe), *Corylus* (Haselnuß), *Juglans* (Walnuß) und *Tilia* (Linde) behaupten. Die dann im Jungtertiär vor etwa 25 Millionen Jahren einsetzende weltweite Klimaabkühlung ging mit einer Auffaltung der Hochgebirge einher und führte zur Differenzierung und Verbreitung der frostharten Vertreter, wie wir sie heute in den außertropischen Klimazonen antreffen. Kletterpflanzen spielen gegenwärtig in den gemäßigten Breiten im Vergleich zu den Tropen eine relativ geringere Rolle, allerdings sind sie in Ostasien und Nordamerika reicher vertreten als im floristisch vergleichsweise armen Europa. Die quer stehenden, immer wieder vergletscherten europäischen Hochgebirge, das anschließende Mittelmeer und die ausgedehnten Trockengebiete der Sahara stellten für die jungtertiären und später eiszeitlichen Florenwanderungen nach Süden entscheidende Hindernisse dar, so daß viele tertiäre Arten nacheiszeitlich ausgestorben sind.

In Nordamerika und Ostasien waren die Verhältnisse für den Erhalt dieser Sippen günstiger, denn die Wanderungswege in die südlichen Überwinterungsgebiete wurden nicht durch Hochgebirge und Meere blockiert. In den Warmzeiten zwischen den Eisvorstößen konnten die Arten wieder nach Norden wandern und ihr altes Verbreitungsgebiet besiedeln. Dies gelang ihnen auch nach der letzten Eiszeit. Hier liegt die Ursache dafür, daß eine große Zahl der attraktivsten Kletterer, die bei uns angepflanzt werden, aus Ostasien oder Nordamerika stammen, obwohl ihre Vorfahren einst auch Europa besiedelten. Zu den ostasiatischen und nordamerikanischen Kletterern gehören Glyzinen (*Wisteria*), Baumwürger (*Celastrus*), Klettertrompete (*Campsis*), Jungfernrebe (*Parthenocissus*), Mondsame (*Menispermum*), Strahlengriffel (*Actinidia*) und Pfeifenwinden (*Aristolochia*). Der Mittelmeerraum und das anschließende Kleinasien stellten ebenfalls Rückzugs- und Differenzierungszentren für einige Arten dar und so stammen eine Reihe Waldreben (*Clematis*) und Geißblattarten (*Lonicera*) , Jasmin (*Jasminum officinale*) und Weinrebe (*Vitis vinifera*) daher. Die bekannte Bergwaldrebe (*Clematis montana*) gehört wie die Vorläufer unserer Kletterrosen zu einem Formenkreis, der im Himalaja beheimatet ist.

Aus Süd- und Mittelamerika sind viele kälteempfindliche Kletterpflanzen zu uns gekommen, die meist als einjährige Sommerblüher oder in Wintergärten kultiviert werden. Hier sind Schönranke (*Eccremocarpus scaber*), Kapuzinerkressen (*Tropaeolum*), Maurandie (*Asarina scandens*) und Glockenrebe (*Cobea scandens*) zu nennen. Mitteleuropäischen Ursprungs sind Efeu (*Hedera helix*), Waldgeißblatt (*Lonicera periclymenum*) und die Gemeine Waldrebe (*Clematis vitalba*). Wir sehen also, wir haben es bei den beliebtesten Kletterpflanzen mit einer bunten Mischung von Arten aus allen Erdteilen zu tun, unter denen die einheimischen Verteter in der Minderzahl sind.

Wann der Mensch begann, Kletterpflanzen an seine Häuser und Zäune zu setzen, ist nicht genau zu sagen. Persische Miniaturen zeigen Gartenpavillons mit Kletterpflanzen schon im 16. Jahrhundert. Zu dieser Zeit waren Rosenbögen und Laubengänge bereits Bestandteil der Gärten französischer Adliger. Im 18. Jahrhundert erfaßte breite Bevölkerungskreise ein stärkeres Interesse für den Ziergarten und es begann der Aufschwung der Kletterpflanzen. Vielleicht wurden sie in den unsicheren Jahrhunderten davor an menschlichen Behausungen nicht geduldet, um ein Einsteigen in Häuser oder Erstürmen von Mauern zu verhindern. Erst in friedlicheren Zeiten, mit besserem Zugang zu außereuropäischen Pflanzen und geringeren Belastungen durch die tägliche Arbeit konnte sich das Gartenglück für viele Menschen als lebendige Freizeitgestaltung erfüllen und das Interesse an Kletterpflanzen erwachte in breiteren Bevölkerungskreisen.

Kletterpflanzen haben sich in den unterschiedlichsten Pflanzenfamilien entwikkelt, was für den Erfolg dieser Lebensform spricht. Längst wären sie verschwunden, wenn ihre Strategie nicht positiv von der

Evolution bewertet worden wäre. Kletterpflanzen treten in einigen Familien häufig auf, z.B. bei den Schmetterlingsblütlern (Fabaceae), den Kürbisgewächsen (Cucurbitaceae) und den Windengewächsen (Convolvulaceae). Manche Gattungen umfassen einige hundert Arten und Sorten, z.B. *Hedera* (Efeu), *Passiflora* (Passionsblumen) und *Clematis* (Waldreben), andere lediglich eine Art, z.B. *Tamus communis* (Schmerwurz).

Wer klettert am besten?

Pflanzen bedienen sich unterschiedlicher Methoden, um an einer Unterlage emporzuklettern. In der Regel wurzeln sie im Boden und klimmen mit ihren Achsen an anderen Pflanzen, Felsen, Mauern oder Klettergerüsten empor. Einige tropische Araceen und die parasitischen Teufelszwirne verlieren später sogar den Bodenkontakt und werden zu Epiphyten, d.h. Aufsitzerpflanzen. Die überwiegende Mehrheit der Kletterpflanzen bleibt aber lebenslang mit dem Boden verbunden.

Die Typen der Kletterer

Wir können zwischen **Schlingpflanzen, Ranken-, Wurzelkletterern** und **Spreizklimmern** unterscheiden.

Schlingpflanzen winden sich mit dünnen Sproßachsen um Zweige, Stäbe und Pergolen. Sie entwickeln besonders lange Abstände (Internodien) zwischen den Blattansatzstellen und winden sich rechts oder links herum. Rechtsschlinger sind viele Hülsenfrüchtler wie Japanische Glyzine oder Blauregen (*Wisteria floribunda*), Bohne (*Phaseolus*), Kürbisgewächse (Cucurbitaceae), Winden (*Convolvulus*), Geißblätter (*Lonicera caprifolium, Lonicera periclymenum*), Schlingknöterich (*Polygonum*

Wie eine weiße Wolke schwebt die Waldrebe (*Clematis montana* 'Rubens') über dem Beet.

Rechte Seite: Gold- und silberlaubige Kletterpflanzen wie die Efeusorte *Hedera colchica* 'Sulphur Heart' bringen Licht in schattige Ecken.

aubertii) und Teufelszwirn (*Cuscuta*). Linksschlinger sind Hopfen (*Humulus*), Pfeifenwinde (*Aristolochia macrophylla*), die Chinesische Glyzine (*Wisteria sinensis*) und Schmerwurz (*Tamus communis*).

Rankenkletterer bilden aus Sproß-, Wurzel- oder Blattknospen Ranken, die unter ständigen Suchbewegungen auf Berührungsreize reagieren und Haltefunktion übernehmen. Morphologisch gesehen sind Sproßranken modifizierte Seitenachsen. Wurzel- und Blattranken sind veränderte Wurzeln bzw. Blätter. Sproßranken besitzen Wein (*Vitis*) und Passionsblume (*Passiflora*). Beim Wilden Wein (*Parthenocissus*) entwickeln sich zusätzlich Haftscheiben am Ende der Sproßranken. Manche Sproßranken werden spiralig, sobald sie festen Kontakt geknüpft haben. Gegenüber den zerstörerischen Angriffen des Windes geben sie so besser nach und reißen nicht. Blattranken finden sich bei Kürbisgewächsen (Cucurbitaceae z.B. die Zaunrüben der Gattung *Bryonia*), vielen Schmetterlingsblütlern (Fabaceae z.B. Erbsen und Wicken) und der Glockenrebe (*Cobea scandens*). Blattranken können sich aus dem ganzen Blatt oder nur aus bestimmten Teilen entwickeln. Blattspitzenranken mit Spiralfederfunktion besitzen

Die Typen der Kletterer.

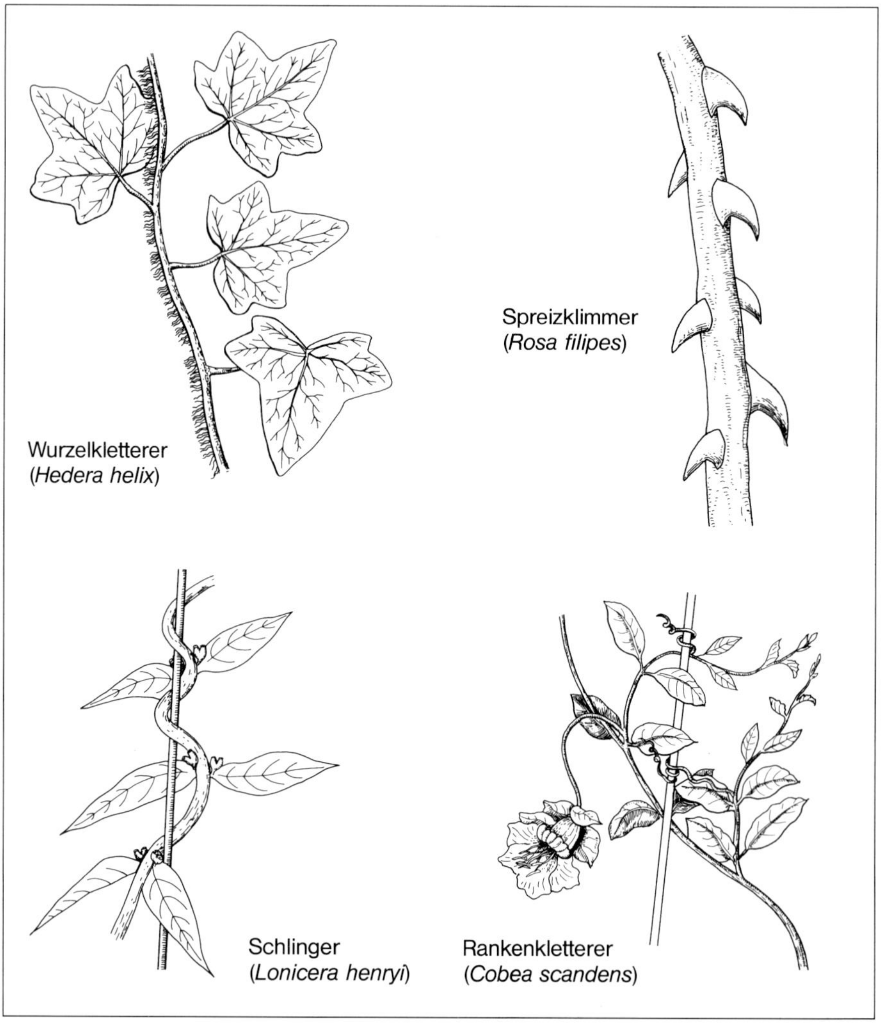

VERLAG EUGEN ULMER

Verlag Eugen Ulmer
Postfach 70 05 61
70574 Stuttgart
Tel. 07 11/45 07-0

Anz.	Datum 18. 3. 95	Preis	DM	Pf
1	Sch. Klett-pfl.		24	80

Im Betrag sind %= DM MwSt. enthalten

Verk. 21 - 000206

Bei Irrtum oder Umtausch bitte diesen Zettel vorlegen

W. Kohlhammer Druckerei GmbH + Co., 70309 Stuttgart, Abt. Kassenblock

3A

die Kaiserkrone (*Fritillaria verticillata*) und die Kichererbse (*Cicer arietinum*), Blattstielranken besitzen Waldreben (*Clematis*), die Gloxinienwinde (*Asarina scandens*) und die Kapuzinerkressen (*Tropaeolum*).

Wurzelranken trägt die tropische Vanille (*Vanilla planifolia*).

Wurzelkletterer tragen sproßbürtige Haftwurzeln, mit denen sie sich dauerhaft an der Unterlage verankern. Bekanntestes Beispiel ist der Efeu (*Hedera*) in seinen zahlreichen Spielarten. Seine Kletterwurzeln entwickeln sich unterhalb des Blattansatzes zwischen den Knoten der Achsen in einer Reihe und stets auf der lichtabgewandten Seite. Voraussetzung ist ein gewisses Maß an Feuchtigkeit an der Kontaktstelle. Ähnliche Wurzelbildungen, z.T. auch nur im Bereich der Knoten konzentriert, können wir bei der Klettertrompete (*Campsis*) und der Kletterhortensie (*Hydrangea petiolaris*) beobachten. Diese Haftwurzeln dienen weder der Wasser- noch der Nährstoffaufnahme sondern alleine der Befestigung. Dagegen wachsen die bekannten Luftwurzeln tropischer Araceen (z.B. die häufige Zimmerpflanze *Monstera*) gezielt nach unten, um den Boden zur Wasser- und Nährstoffaufnahme zu erreichen. Manchmal ist aber eine klare Trennung zwischen den verschiedenen Funktionen nicht möglich, so z.B. bei der Vanille, wo sich die durch die Luft wachsenden Wurzeln bei Kontakt mit anderen Pflanzen mit Hilfe von Haaren anheften aber auch Nährstoffe absorbieren können. Auch die zahlreichen bodendeckenden Zwergmispeln entwickeln sproßbürtige Wurzeln, sobald sie feuchten Boden und Gestein berühren. Sie nehmen damit Wasser und Nährstoffe auf, benutzen sie aber auch als Kletterhilfe an rissigen Felswänden und Natursteinmauern. Wenig bekannt sind die Haftwurzeln einiger baumaufsitzender Kakteeen aus der Gattung *Cereus*, die denen des Efeus entsprechen.

Spreizklimmer durchwachsen Sträucher, Baumkronen oder Kletterhilfen und werden durch Widerhaken an ihrer Oberfläche gehalten. Diese Widerhaken können als Haare ausgebildet sein, wie bei dem bekannten Klebkraut (*Galium aparine*), das sich wie ein Klettverschluß an rauhe Oberflächen heftet. Häufig sind es aber Dornenbildungen aus Seitensproßknospen wie beim Bittersüßen Nachtschatten (*Solanum*

Die einjährig gezogene Schönranke (*Eccremocarpus*) klettert mit Blattspitzenranken in einem Sommer mehrere Meter hoch.

Linke Seite oben: Brombeeren (*Rubus*) klettern mit ihren widerhakigen Stacheln.

Linke Seite unten: Prachtwinden (*Ipomoea*) schlingen sich um geeignete Unterlagen empor zum Licht.

dulcamara) oder bei der Bougainvillea (*Bougainvillea*). Davon zu unterscheiden sind die Stacheln der Kletterrosen (*Rosa*) und Brombeeren (*Rubus*), die sich ohne Beteiligung der Knospen aus den äußeren Zellschichten der Achsen bilden. Spreizklimmer müssen an Klettergerüsten aufgebunden werden, da ihre natürlichen Möglichkeiten meist nicht ausreichen für eine dauerhafte Befestigung.

Wuchsgeschwindigkeit und Wuchsgrößen

Wachstum zum Licht, um der Beschattung der konkurrierenden Gehölze zu entgehen, ist das oberste Ziel der Kletterpflanzen. Das Pflanzenwachstum setzt sich aus dem Plasma- und dem Streckungswachstum zusammen. Das Plasmawachstum finden wir in den Zonen der ständigen Zellteilungen in der Pflanze. Dieses sind besonders die Wurzel- und Sproßspitzen. Zwischen den Zellteilungen muß das Zellplasma verdoppelt werden, um dann auf die Tochterzellen verteilt werden zu können. Das geschieht innerhalb von 15 bis 20 Stunden. Über komplizierte Biosynthesewege werden Zellkerne, Eiweiße, Fette und Zellwandbaustoffe aufgebaut. Diese Prozesse kosten Zeit und Energie, die in Form von phosphatreichen Molekülen herangeschafft werden muß, so daß wir hier auf eine natürliche Grenze des Wachstums treffen. In den Wachstumszonen der Holzgewächse teilt sich jede Zelle etwa alle 1 bis 10 Tage. Daran schließt sich das Streckungswachstum an. Es wird im wesentlichen durch die Wasseraufnahme in die Zellvakuolen bewerkstelligt und ist für das Treiben und Aufblühen der Knospen im Frühling und das rasche Längenwachstum der Sproßachsen verantwortlich. Dabei können junge Achsen der Kletterpflanzen mehrere Zentimeter pro Tag länger werden. Ein so rasches Wachstum wird aber nicht über die ganze Vegetationszeit aufrecht erhalten, sondern es vollzieht sich zumeist in Schüben. Dennoch reicht es aus, damit manche der starkwüchsigen Arten mehrere Meter in einem Sommer zulegen können. Den Rekord hält aber der Bambus, dessen Sprosse im Austrieb bis zu 57 cm pro Tag wachsen können.

Während die einjährigen, stets neu aus Samen im Frühling angezogenen Kletterpflanzen im Verlauf der sommerlichen Vegetationszeit meist nicht größer als 3 bis 4 m werden, erreichen die langlebigen, winterharten Vertreter 20 m und mehr, wobei sie über die Jahre auch im Gewicht entsprechend zunehmen (siehe Kapitel Kletterhilfen). Der Kletterpflanzenfreund sollte bei der Planung seiner Berankung die ungefähren Ausmaße kennen, die die ausgewählte Art im Laufe ihres Lebens erreichen wird, sonst bereitet sie nach wenigen Jahren mehr Mühe als Freude, weil sie zu ständigem Rückschnitt zwingt, um Schäden an Haus und Dach zu vermeiden. Die Tabelle macht Angaben über die maximalen Wuchshöhen der besprochenen ausdauernden Kletterpflanzen.

Wuchshöhen ausdauernder, winterharter Kletterpflanzen

Art	Wuchshöhe (m)	Wuchstyp	Sonne ○ –Schatten ●
Actinidia arguta	4–5	Schlingpflanze	○–●
– *chinensis*	10	Schlingpflanze	○
– *kolomikta*	4	Schlingpflanze	○–●
Akebia quinata	8	Schlingpflanze	○–●
Ampelopsis			
– *aconitifolia*	8	Rankenkletterer	○–●
Aristolochia			
– *macrophylla*	10	Schlingpflanze	○–●
– *tomentosa*		Schlingpflanze	○–●
Bryonia dioica	4	Schlingpflanze	○
Campsis grandiflora	8–10	Wurzelkletterer	○
– *radicans*	10	Wurzelkletterer	○
– × *tagliabuana*	10	Wurzelkletterer	○
Celastrus orbiculatus	14	Schlingpflanze	○–●
– *scandens*	7	Schlingpflanze	○–●
Clematis alpina	2–3	Rankenkletterer	○–●
– *armandii*	5	Rankenkletterer	○
– *fargesii*	6	Rankenkletterer	○–●
– *macropetala*	1	Rankenkletterer	○–●
– *montana*	12	Rankenkletterer	○–●
– *orientalis*	4	Rankenkletterer	○–●
– *recta*	1–2	Spreizklimmer	○–●
– *tangutica*	4–7	Rankenkletterer	○–●
– *vitalba*	10	Rankenkletterer	○–●
– *viticella*	3–4	Rankenkletterer	○–●
– Hybriden	2–4	Rankenkletterer	○–●
Cymbalaria muralis	1	Wurzelkletterer	○–●
Euonymus fortunei	1–5	Wurzelkletterer	○–●
Fallopia aubertii	15	Schlingpflanze	○–●
Hedera colchica	2–3	Wurzelkletterer	○–●
– *helix*	25	Wurzelkletterer	○–●
– *hibernica*	10	Wurzelkletterer	○–●
Humulus lupulus	10	Schlingpflanze	○–●
Hydrangea			
– *petiolaris*	10	Wurzelkletterer	○–●
Jasminum			
– *nudiflorum*	5	Spreizklimmer	○
– *officinale*	12	Spreizklimmer	○
– × *stephanense*	3–5	Spreizklimmer	○
Lathyrus latifolius	1–2	Rankenkletterer	○
– *sylvestris*	1–2	Rankenkletterer	○
Lonicera × *brownii*	3	Schlingpflanze	○–●
– *caprifolium*	4	Schlingpflanze	○–●
– × *heckrottii*	3–4	Schlingpflanze	○–●
– *henryi*	20	Schlingpflanze	○–●
– *japonica*	5–6	Schlingpflanze	○–●
– *periclymenum*	3–4	Schlingpflanze	○–●
– × *tellmanniana*	5	Schlingpflanze	○–●
Menispermum			
– *canadense*	5	Schlingpflanze	○–●
– *dauricum*	3–4	Schlingpflanze	○–●
Parthenocissus			
– *quinquefolia*	15	Rankenkletterer	○–●
– 'Engelmannii'	15	Rankenkletterer	○–●
– *tricuspidata* 'Veitchii'	10	Rankenkletterer	○–●
Passiflora caerulea	3–8	Rankenkletterer	○
Periploca graeca	15	Schlingpflanze	○
Rosa, Kletterrosen	3–4	Spreizklimmer	○
Rubus fruticosus	4	Spreizklimmer	○–●
– *henryi*	6	Spreizklimmer	○–●
Solanum			
– *dulcamara*	2	Schlingpflanze	○–●
Tamus communis	3	Schlingpflanze	○–●
Thladiantha dubia	8	Rankenkletterer	○
Vitis coignetiae	10	Rankenkletterer	○
– *riparia*		Rankenkletterer	○
– *vinifera* ssp. *vinifera*	10	Rankenkletterer	○
Wisteria			
– *floribunda*	10–25	Schlingpflanze	○
– *sinensis*	10–30	Schlingpflanze	○

Verwendung der Kletterpflanzen in Garten und Wintergarten

Viele Gärten sind heute eher klein und beschränken den Pflanzenfreund in seinen Wünschen. Kletterpflanzen bieten daher eine willkommene Möglichkeit, auch auf engem Raum pflanzliche Vielfalt entstehen zu lassen. An Pergolen, Wänden, Klettergerüsten und Bäumen gepflanzt, erobern sie die Vertikale und schaffen grüne Räume. Mit Kletterpflanzen läßt sich so manche graue Wand bedecken, der Maschendrahtzaun beleben, ein Brückengeländer bekleiden oder das langweilige Carport begrünen. Nicht zu Unrecht werden Kletterpflanzen auch als »Architektentrost« bezeichnet. Kletterpflanzen schaffen Privatsphäre auf Balkonen, an der Terrasse oder in den berühmten Liebeslauben, die um die Jahrhundertwende beliebt waren und heute noch in alten Gärten zu sehen sind. Kletterpflanzen vermögen grünes Leben auch dort hinzutragen, wo Raumknappheit oder Bodenversiegelung die Anpflanzung von Gehölzen nicht erlaubt. Es gibt Starkschlinger unter den Kletterpflanzen, die in kürzester Zeit auch die schwierigsten Flächen überdecken können. Hierher gehören der Schlingknöterich (*Fallopia aubertii*) und die Wilden Weine, die Jungfernreben (*Parthenocissus*) und Scheinreben (*Ampelopsis*) umfassen. Größere Flächen lassen sich mit dem Baumwürger (*Celastrus orbiculatus*) bedecken, der auch schattige Lagen nicht scheut. Mit Arten wie *Clematis* (Waldreben) beginnt und endet die Gartensaison: Bereits im April blühen *Clematis alpina, C. armandii* und *C. macropetala*, ab Mai erfreuen uns die Sorten von *C. montana*, im Sommer erscheinen die großblumigen Hybriden wie 'Nelly Moser', 'Madame Le Coultre' oder 'Ville de Lyon' und vom Spätsommer bis zum ersten Frost begleiten uns *C. orientalis* und *C. tangutica*. Einzelne Blüten öffnen sich bereits im Juli, doch erst im Spätsommer erscheinen die zarten weißen Blütenrispen des Schlingknöterichs (*Fallopia aubertii*) in voller Pracht und halten sich bis in den Oktober hinein. Die immergrünen Lianen Henrys Geißblatt (*Lonicera henryi*) und Efeu (*Hedera*) in seinen vielen Spielarten vermögen sogar die Winterlücke zu füllen. Fast wie ein Wunder erscheint uns die duftende Entfaltung der gelben Blüten des Winterjasmins (*Jasminum nudiflorum*), der uns im Januar oder Februar erfreut. Auch nach leichteren Frösten bleibt die winterliche Blütenpracht erhalten. Etliche Arten überzeugen weniger durch ihre Blüten als durch ihr deko-

Großblumige Waldreben wie 'Nelly Moser' läuten den Sommer ein.

ratives Laub. Hier wären die großen herzförmigen Blätter der Pfeifenwinden (*Aristolochia*) und der Mondsamen (*Menispermum*), die fünfzähligen der Akebie (*Akebia quinata*) und die immergrünen der unzähligen Efeuvarietäten zu nennen. Besonders gefärbte Efeublätter bieten ausgezeichnete Kombinationen mit anderen Kletterern. Die grüngoldene Sorte 'Goldherz' schafft einen hervorragenden Hintergrund für blaublühende *Clematis* wie 'The President' oder 'Jackmanii'. Die pinkfarbene Waldrebe 'Hagleys Hybrid' hat ihre schönsten Auftritte vor dem silbergrauen Laub der Efeusorten 'Silbermöwe' oder dem Sattgrün von 'Grünpfeil'. In den schönsten Herbstfarben flammen die Jungfernreben *Parthenocissus tricuspidata, P. quinquefolia* und die Rebe *Vitis coignetiae* an Wänden und Spalieren. Sie eignen sich aber auch dazu, steile Abhänge, Stützelemente oder große Findlinge zu überspinnen und ihnen Leben und Farbe zu verleihen.

Klettertrompeten (*Campsis*) bevorzugen warme Hauswände, an denen sie eine südländische Üppigkeit hervorzaubern.

Manche mögens heiß – Klima und Standort

Die meisten Kletterpflanzen sind Sonnenkinder. Sie lieben das Licht und werden nur bei einer ausreichenden Menge davon befriedigend blühen und fruchten. Es gehört zum ureigenen Wesen, zur Lebensstrategie dieser Pflanzengruppe, sich einen Platz an der Sonne zu erobern. Sogar die schattenertragenden Arten (siehe nächstes Kapitel) wie etwa Efeu blühen und fruchten erst dann, wenn sie einen sonnigen Platz im Kronenraum oder an Hauswänden erreicht haben. Nicht überall fühlen sich Kletterpflanzen gleich wohl. Die Kapuzinerkressen *Tropaeolum peregrinum* und *T. speciosum* meiden die heißen Südwände und bevorzugen kühlere Standorte, z.B. das dunkle Grün der Eibenhekken. Die Klettertrompete (*Campsis*) mag es dagegen heiß und wird auch nur in warmen Lagen befriedigend blühen, vorausgesetzt, wir sorgen stets für eine ausreichende Bodenfeuchtigkeit. Die Passionsblume (*Passiflora caerulea*) verlangt einen milden Winter oder wird besser gleich im Wintergarten gezogen. Hier geht es ihr am besten unter Kalthausbedingungen, d.h. frostfrei aber kühl während der Wintermonate, denn Wohnzimmertemperaturen führen zu Schädlingsbefall und Blattabwurf. Nur als Kübelpflanze zu kultivieren ist in unseren Breiten die herrliche *Bougainvillea*, heutzutage vielen Menschen von Reisen in die tropischen Urlaubsziele bekannt. Sie läßt sich gut als Topfpflanze überwintern und verbringt die schöne Jahreszeit auf der Terrasse. Bedingt winterhart ist der Kolchische Efeu (*Hedera colchica*), der wegen seiner großen Blätter geschätzt wird. Temperaturen um –20 °C werden nicht von ihm toleriert und es kommt zu Holz- und Blattschäden. Bei den meisten Pflanzenfreunden werden aber die frostharten, ausdauernden Schlinger geschätzt werden, von denen es so viele Arten und Sorten gibt, daß längst nicht alle in einem Garten kultiviert werden können. Sie gehören überwiegend zu den laubwerfenden, winterkahlen Kletterpflanzen, die ihren Platz an den Süd-, West- und Ostseiten eines Gebäudes oder einer Mauer finden. Ebenso wohl fühlen sie sich auf dauerhaften Klettergerüsten und Pergolen. Die hier im Gegensatz zur geschützten Wandsituation stärker auftretenden Windbewegungen werden normalerweise gut ertragen, wenn der stetigen Transpiration durch ausreichende Bewässerung nachgekommen wird. Eisige Winterwinde können allerdings bei immergrünen und nicht einziehenden sommergrünen Kletterern Schäden hervorrufen, so daß Schutzmaßnahmen notwendig werden können. Schilfmatten oder Fichtenreisig sind zur Abdeckung gefährdeter Triebe geeignet. Langfristigen Schutz bietet eine großzügige Vorpflanzung mit Hekken oder Einzelgehölzen.

Schönheiten im Schatten

Obwohl alle Kletterpflanzen zum Licht streben, gibt es einige Arten, mit denen wir schattige Gartenplätze wirkungsvoll begrünen können. Die Lebensform der Immergrünen eignet sich dazu besonders. Mit ihnen können dauerhaft unansehnliche Wandflächen verdeckt oder abschirmende Sichtschutzwände aufgebaut werden. Sie nutzen nicht nur die sommerliche Vegetationsperiode wie die laubwerfenden Arten, sondern dehnen die Zeit des Wachstums auch in die Übergangsjahreszeiten Frühling und Herbst aus, und erzielen so zusätzlichen Stoffgewinn. Ihre Blätter sind derbledrig und langlebig. Sie können rasch auf günstige Wetterbedingungen reagieren und eine positive Stoffbilanz erzielen, auch zu Zeiten wo die Sommergrünen mangels Blattmasse ruhen. Ihr Nachteil ist, daß sie ihre lebenswichtigen Blattorgane den winterlichen Frösten aussetzen müssen. Frost wirkt in dreifacher Hinsicht schädigend auf immergrüne Pflanzen: Erstens blockiert er die Wasserzufuhr durch die Festlegung des Bodenwassers zu Eis. Gleichzeitig fördert frosttrockene Luft die Verdunstung des Pflanzengewebes, so daß im Zusammenwirken mit der Wintersonne Frosttrocknisschäden entstehen können. Drittens können sich bei unzureichend abgehärteten Pflanzen in den Zellen Eiskristalle bilden, was zu tödlichen Zerstörungen im Zellaufbau führt. Immergrüne Kletterpflanzen müssen also in unserem Klima besonders widerstandsfähig sein und Anpassungsmechanismen an die ungünstige Jahreszeit entwickelt haben. Unter der Vielzahl der Immergrünen ist es nur wenigen gelungen, diese Anpassungen hervorzubringen. Jeder weiß es aus eigenen Reiseerfahrungen, je milder die Winter einer Region, desto mehr Efeu, Stechpalmen, Kamelien und Rhododendren sind in Gärten und Landschaft zu finden. Dies gilt auch innerhalb Deutschlands. Die wintermilden küstennahen Landstriche Norddeutschlands eignen sich am besten für die Kultur von Rhododendren und anderen Immergrünen. Je weiter wir nach Südosten landeinwärts gehen, um so weniger Efeu oder Stechpalmen werden wir sehen. In England sind noch viele immergrüne Kletterer aus den kühlen aber wintermilden Gebieten Chiles, Chinas oder Südafrikas zu

Immergrüne, weitgehend winterharte Kletterpflanzen	
Clematis armandii	(Armands Waldrebe, nur in milden Lagen)
Cymbalaria muralis	(Zimbelkraut)
Euonymus fortunei	(Kletterspindel, in Sorten)
Hedera colchica	(Kolchischer Efeu, in Sorten)
Hedera helix	(Gemeiner Efeu, in Sorten)
Hedera hibernica	(Atlantikefeu)
Lonicera henryi	(Henrys Geißblatt)
Passiflora caerulea	(Blaue Passionsblume, nur in milden Lagen)
Rubus henryi	(Kletterhimbeere)

Rechte Seite oben: Geschützte Mauern bewahren die empfinglichen Magnolienblüten vor Spätfrösten.

kultivieren. Auf den britischen Inseln wachsen z.B. noch 13 immergrüne Jasminarten aus Asien zu großen Pflanzen heran, die bei uns nur im Kalthaus gezogen werden können. Das Klima in Mitteleuropa mit relativ kalten Wintern und warmen Sommern begünstigt die laubwerfenden Arten. Selbst die einzige einheimische, immergrüne Liane, der Efeu, kann in harten Wintern und ungünstigen Lagen großen Schaden erleiden. Trotzdem haben wir einige, überwiegend fremdländische immergrüne Kletterpflanzen in Kultur, die mit den meisten Wintern bei uns zurechtkommen und die alle schattenverträglich sind.

Die aufgeführten Arten eignen sich alle für absonnige Gartenplätze an Nordseiten von Gebäuden, hinter Mauern oder unter dem Kronendach großer Bäume. Sie vertragen durchaus Sonne im Sommerhalbjahr, nur die winterliche Sonne kann ihnen schaden. Zur Vorbeugung werden gerade bei jungen Pflanzen in den ersten Anwachsjahren die immergrünen Blätter durch Vorstecken von Reisig, z.B. Fichtenzweigen, während des Winters geschützt. Bevorzugte Pflanzzeit ist der Frühling, weil nach einer Herbstpflanzung die immergrünen Blätter einem besonderen Trokkenstress im Winter ausgesetzt sind, da sie auch in der kalten Jahreszeit Wasser verdunsten. Rückschnitt ist selten erforderlich, allenfalls die Kletterhimbeere wird ihn öfter erfordern. In der Regel geht es den immergrünen Kletterpflanzen am besten, wenn sie mit soviel Laub wie möglich in den Winter gehen. Nach Frostschäden wird im Vorfrühling, ansonsten nach der Blüte zurückgeschnitten.

Laubengänge aus spalierartig gezogenem Goldregen (*Laburnum*) fangen mit ihren gelben Blüten die Sonne ein.

Mauergehölze – Kostbarkeiten für geschützte Orte

Außer den echten Kletterern lassen sich an Spalieren vor Hauswänden und Mauern auch normalwüchsige Gehölze als Kletterpflanzen ziehen. Es sind Zier- und Obstgehölze, die ohne Formierung freistehende aufrechte Stämme bilden, aber durch Schnitt und Binden flächendeckend an Klettergerüsten vor Hauswänden oder Mauern gezogen werden können. Sie werden als »Mauergehölze« bezeichnet. Bekannt sind die Obstspaliere, wo Äpfel, Birnen, Pfirsiche und Mirabellen oft bessere Erträge auf kleinerem Raum bringen als freistehend. Doch auch Forsythien (*Forsythia)*, Säckelblumen (*Ceanothus*-Hybriden), Winterblüte (*Chimonanthus praecox*), Rotblühende Akazie (*Robinia hispida*), Goldregen (*Laburnum* × watereri 'Vossii') und Fächer-Mispel (*Cotoneaster horizontalis*) eignen sich als Mauergehölze. Ein halbimmergrüner Strauch ist der Feuerdorn (*Pyracantha coccinea)* in seinen Sorten und Hybriden. Er ist vielen Gartenbesitzern als freistehender Strauch oder als Heckenpflanze bekannt und bezaubert mit einem überreichen spätsommerlichen Fruchtschmuck in gelben und orangeroten Farben. Sein dichter Wuchs eignet sich hervorragend zur Bekleidung unansehnlicher Mauern. Pflanzzeit ist März. Leider leidet der Feuerdorn gelegentlich unter der Schorfkrankheit. Empfehlenswert ist daher die wenig anfällige Sorte 'Red Column'. Auch die Hybriden 'Golden Charmer', 'Orange Charmer', Orange Glow', 'Navaho' und 'Teton' sollen wenig schorfanfällig sein. Wie bei anderen Mauergehölzen auch, wird bereits die junge Pflanze an Stöcken oder Drähten zum Wandspalier gezogen. In späteren Jahren wird der Jahrestrieb regelmäßig im Sommer auf ein Viertel zurückgeschnitten. Feuerdorn eignet sich sogar zur Fassadenbegrünung an Nordseiten. Alle Mauergehölze nutzen den Standortvorteil einer Mauer aus, d.h. die windgeschützte, wärmere Lage gegenüber dem offenen Freiland. Die Mauer besitzt die Funktion eines Wärmespeichers, der seine Umgebung erwärmt, indem er die tagsüber aufgenommene Wärmestrahlung bis weit in die Abendstunden hinein abgibt. Besonders dunkle oder ziegelrote massive Klinkerwände wirken geradezu als Wärmepuffer. In diesem Mikroklima reifen die Früchte des Pfirsichs besser, duften die Blüten der Winterblüte intensiver, treiben die Knospen der Frühlingsblüher eher und halten manche heiklen, nicht völlig winterharten Liebhaberarten im Freien noch aus. Allerdings klettert keine dieser Arten selbständig, sondern alle müssen zur Kletterpflanze erzogen werden. Das ist arbeitsaufwendig und erscheint manchem wider die Natur. Außerdem treten an trockenheißen Wänden häufiger Schädlinge auf, die eine stetige Kontrolle und eventuelle Gegenmaßnahmen erforderlich machen. Die Pflanzlöcher der Mauergehölze sollten nicht zu eng an den Mauerfuß plaziert werden, weil es dort besonders trocken ist. Stets muß auf ausreichende Bodenfeuchtigkeit geachtet werden. Ein Dränagerohr kann mit eingegraben werden, das in den Wurzelraum führt und rasches Wässern ohne ein Verschlämmen der Oberfläche zuläßt. All das muß bei der Pflanzung bereits berücksichtigt werden. Die Gehölzkultur an Mauern bietet Vor- und Nachteile gleichermaßen, stets jedoch eine intensivere Beschäftigung mit den einzelnen Arten.

Doch dem wahren Liebhaber von Spaliergehölzen mit ihren seltenen und frühblühenden Gehölzen wird diese zusätzliche Mühe nicht zuviel sein.

Unten: Feuerdorn am Spalier verlangt regelmäßigen Rückschnitt.

Wertvolle Gehölze vor geschützten, warmen Mauern freistehend oder als Spalierholz		
Art	**Höhe (m)**	**Gartenwert**
Abeliophyllum distichum (Schneeforsythie)	1–3	Duftende weiße Blüten vor Erscheinen der Blätter
Ceanothus × *delilianus* 'Gloire de Versailles' (Blaue Säckelblume)	1,5	Azurblaue Blüten
Chimonanthus praecox (Winterblüte)	3,5	Duftender Winterblüher
Choenomeles speciosa (Chinesische Zierquitte)	3	Scharlachrote Blüten über glänzend grünem Laub
Cotoneaster horizontalis (Fächerzwergmispel)	2–3	Fischgrätenartiger Triebaufbau, zahlreiche rote Früchte
Cydonia oblonga (Echte Quitte)	6	Goldgelbe duftende Früchte
Forsythia suspensa (Hängeforsythie)	9	Goldgelbe Frühlingsblüten
Hibiscus syriacus (Straucheibisch)	3	Exotische Blüten und Blütenfarben
Laburnum × watereri 'Vossii' (Goldregen)	5–7	Große goldgelbe Blütentrauben
Lycium barbatum (Chinesischer Bocksdorn)	4	Scharlachrote Früchte und gute Deckung durch Laub und viele Triebe
Prunus triloba (Mandelbäumchen)	3–5	Gefüllte rosa Kirschblüten
Pyracantha coccinea Sorten und Hybriden (Feuerdorn)	4	Rot-, orange- und gelbfarbener überreicher Fruchtbehang glänzend halbimmergrüne Blätter
Robinia hispida (Rauhe Robinie)	2,5	Rosa Schmetterlingsblüten, gefiederte dunkelgrüne Blätter
Viburnum farreri (Duftender Schneeball)	3	Weiße duftende Vorfrühlingsblüten, schöne rotbraune Herbstfärbung
Viburnum x *bodnantense*	3	Rosafarbene duftende Vorfrühlingsblüten, glänzend grünes Laub

Kletterpflanzen am Haus

Selbstklimmer

Die meisten Kletterpflanzen vermögen nicht ohne Kletterhilfe an glatten Hauswänden nach oben zu gelangen. Ausnahmen sind der Efeu und einige wenige andere Arten, die in der unten stehenden Liste zusammengestellt sind. Sie besitzen Haftwurzeln bzw. Haftscheiben, mit denen sie sich auf vielen Maueroberflächen halten können. Zwar ist die Haftwurzelbildung Voraussetzung für ein unabhängiges Klettern, aber nicht alle Kletterpflanzen, die Haftwurzeln entwickeln, können sich auch dauerhaft damit befestigen. Dies gilt z.B. für die Klettertrompete (*Campsis radicans*), die trotz Haftwurzelentwicklung zusätzlich durch ein starkes Klettergerüst gehalten werden muß.

Allerdings versagen auch die Selbstklimmer auf manchen der modernen Kunststoffputze, so daß dann Kletterhilfen angebracht sind (siehe Kapitel Kletterhilfen).

Die meisten Jungfernreben der Gattung *Parthenocissus* befestigen sich mit Haftscheiben an Wänden und Mauern, so daß sie keine Kletterhilfe benötigen.

Kletterhilfen

Bewährt haben sich Spaliere aus Holz oder Metall, die durch Abstandhalter einige Zentimetern vor der Wand montiert werden. Sie sind in Baumärkten und Gartencentern komplett mit Befestigungssätzen und Abstandhaltern zu beziehen. Die Abstandhalter sollten das Spalier 2 bis 5 cm

Selbstklimmende Kletterpflanzen	
Cymbalaria muralis	Zimbelkraut
Euonymus fortunei 'Radicans'	Kletternde Form der Kletterspindel
Hedera colchica Wildform	Kolchischer Efeu
Herdera colchica 'Dentata Variegata'	Gelbbunte Form des Kolchischen Efeus
Hedera helix Wildform	Einheimischer Efeu
Hedera helix 'Digitata Hesse'	Braunrot verfärbende Efeu-Form
Hedera helix 'Odenwald'	Pfeilförmiges Blatt
Hedera hibernica Wildform	Atlantikefeu
Hedera hibernica 'Grünpfeil'	Hell geaderte Form des Atlantikefeus
Hydrangea petiolaris	Kletterhortensie
Parthenocissus quinquefolia Wildform	Kletternde Jungfernrebe
Parthenocissus quinquefolia 'Engelmannii'	Kleinblättrige Form der Jungfernrebe
Parthenocissus quinquefolia 'Saint-Paulii'	Breitblättrige Sorte der Jungfernrebe
Parthenocissus tricuspidata Wildform	Dreispitz-Jungfernrebe
Parthenocissus tricuspidata 'Veitchii'	Kleinblättrige Form der Jungfernrebe
Parthenocissus tricuspidata 'Greenspring'	Großblättrige Form der Jungfernrebe

vor der Wand halten, je nach späterem Umfang der Kletterpflanzentriebe. Bei Holzkonstruktionen handelt es sich um Plastik-, Metall- oder Hartgummihülsen, die zwischen Wand und Holzlatten sitzen und von den Befestigungsschrauben gehalten werden. Man kann sie sich selbst aus starken Plastik- oder Kupferrohren anfertigen, von denen Stücke in geeigneter Länge abgeschnitten werden. Neben ihrer Funktion, Freiraum für die Pflanze zu gewähren, beugen Abstandhalter einer Verschmutzung der Hauswand unterhalb des Klettergerüstes vor, die sonst durch das herablaufende Regenwasser und darin mitgeführte Stoffe hervorgerufen werden kann. Sie sind bei den dünnen Metallspalieren meist gleichzeitig Träger des Gerüsts. Eine einfache aber elegante Lösung für leichtere bis mittelschwere Holzspaliere unter Verwendung von Schraubhaken und Ösen ist in der Abbildung gezeigt. Die Holzgerüste bestehen aus druckimprägnierten halbrunden oder viereckigen Latten, die aufeinander geschraubt sein sollten. Leider findet man oft mit Metallklammern geheftete Gerüste, die den später auftretenden Belastungen nicht standhalten. Diese muß man mit entsprechenden Schrauben verstärken, die neben den Klammern durchgeschraubt werden. Einfache Kletterhilfen aus Holz, die, stabil genug ausgeführt, auch größeren Belastungen standhalten, kann man sich natürlich auch selbst aus druckimprägnierten Latten herstellen. Dazu werden vertikal auf die Wand Dachlatten mit dem Querschnitt 6 × 4 cm im Abstand von 60 bis 80 cm befestigt. Die Latten werden mit Maschinenkopfschrauben durch vorgebohrte Löcher in Dübel gedreht, an Holzwänden direkt in die Wand. Auf diese Traglattung werden horizontal im Abstand von 20 bis 30 cm Gerüstlatten mit kleineren Querschnitten, z.B. 3 × 4 cm oder 2 × 2 cm, mit Holzschrauben (rostgeschützte Kreuzschlitzschrauben) befestigt. Aus optischen Gründen sollten diese Querlatten seitlich 5 bis 10 cm überstehen. Ein solches massives Klettergerüst wird auch starkwüchsige Kletterer wie Glyzinen oder Klettertrompeten dauerhaft aushalten und ist für größere Kletterrosen und Kiwis geeignet. Zartere Kletterpflanzen wie *Clematis*-Hybriden, Akebie und Winterjasmin kommen aber auch mit den unauffälligeren Metallkonstruktionen zurecht. Ein gutes Metallgerüst liefern gestrichene oder verzinkte Baustahlgewebe, die mit Abstandhaltern etwa 5 cm vor der Hauswand befestigt werden können. Oft sind brauchbare Reste dieser Baustahlmatten nach einem Neubau vorhanden und können genommen werden. Ansonsten sind sie in braun, grün oder weiß gestrichener Ausführung im Garten- und Bauhandel als Klettergerüste erhältlich. Der Durchmesser der Stahlrundstäbe sollte 4 mm nicht unterschreiten, um ein Abknicken und Beschädigungen der Kletterpflanzentriebe zu vermeiden. Eine einfache Drahtverspannung mit Zubehör, das in jedem Baumarkt zu haben ist, wird wie folgt errichtet: 8 bis 12 cm lange Ringkopfschrauben werden in vertikalen Reihen von 20 bis 30 cm Seitenabstand in die Wand gedübelt. Die Abstände der Schrauben in der vertikalen Reihe betragen 50 cm. Kunststoffummantelter Spanndraht aus dem Zaunzubehör wird vertikal und horizontal durch die Ringe gesteckt, an den Enden durch Zusammendrehen mit der Kneifzange fixiert und durch handelsübliche Drahtspanner aus dem Zaunzubehör gespannt. Der unterste horizontale Draht sollte etwa 30 cm über dem Boden beginnen. Diese stabile Konstruktion hält auch Starkkletterern wie Glyzinen und Klettertrompeten stand. Werden größere Abstände zwischen den Dübeln gewählt, so leidet darunter die Stabilität und die Drähte bieten einen häßlichen Anblick, weil sie durchhängen. Die Befestigung der Kletterpflanzentriebe kann ebenfalls mit kunststoffummantelten Draht, Bindedraht, Kunststoff- oder Naturfaserband erfolgen. Wir sollten sie jährlich überprüfen, um ein Einschneiden und Abschnüren in die Triebe zu verhindern. Noch wenig verbreitet sind Stahlseilkonstruktionen, die in horizontaler und vertikaler Richtung über eine Hauswand gespannt werden. Sie werden von

Fachfirmen angeboten und auch montiert. Bei ihnen kommt es besonders auf eine zugfeste Verankerung in der Hauswand an, weil die zur Spannung der Konstruktion erforderlichen Zugkräfte ganz erheblich sind. Normale Dübel können durchaus aus der Wand gezogen werden, wenn die Stahlseile gespannt werden. Hier muß man sich zusammen mit dem Fachmann besonders gründlich überlegen, ob die vorgesehene Hauswand für eine solche Bespannung geeignet ist. Wenn nicht, greifen wir auf vorgeständerte Holzgerüste mit Bodenankern zurück, die die Belastungen nach unten ableiten. Vor der Entscheidung für ein bestimmtes System sollte sich der Kletterpflanzenfreund folgende Fragen stellen:

- Wie schwer wird die ausgesuchte Schlingpflanze?
- Wie gut ist die Hauswand als Untergrund geeignet?

Die auftretenden Belastungen an einer Kletterhilfe können erheblich sein. Neben dem Eigengewicht der Konstruktion und dem Pflanzengewicht spielen auch Wind-, Schnee- und Eislasten eine Rolle. Während man früher nur auf Schätzungen angewiesen war, gibt es seit neuestem Meßdaten zumindest für einige Schlinger (siehe Literaturverzeichnis), die die Planungssicherheit erhöhen. So stellte man für Chinesische Glyzinen (*Wisteria sinensis*), die jeweils eine Wandfläche von 24 m^2 bedeckten, Gesamtgewichte zwischen 250 und 320 kg fest, je nachdem ob sie trocken oder naß gewogen wurden. Eine Pfeifenwinde (*Aristolochia macrophylla*) bringt es auf 87 kg, eine Uferrebe (*Vitis riparia*) auf 94 kg unter entsprechenden Bedingungen. Demgegenüber fällt der Gewichtsanteil marktgängiger Kletterhilfen mit Werten zwischen 100g und 800g pro laufenden Meter kaum ins Gewicht. Balkenartige und flächige Rankgerüste können aber bis zu 10 kg pro laufenden Meter wiegen, was entsprechend befestigt werden muß. Sehr langlebige Schlinger wie *Wisteria* oder *Campsis* erreichen das hohe Gewicht vor allen Dingen durch die Ausbildung eines Holzkörpers. Kurzlebige, ein-

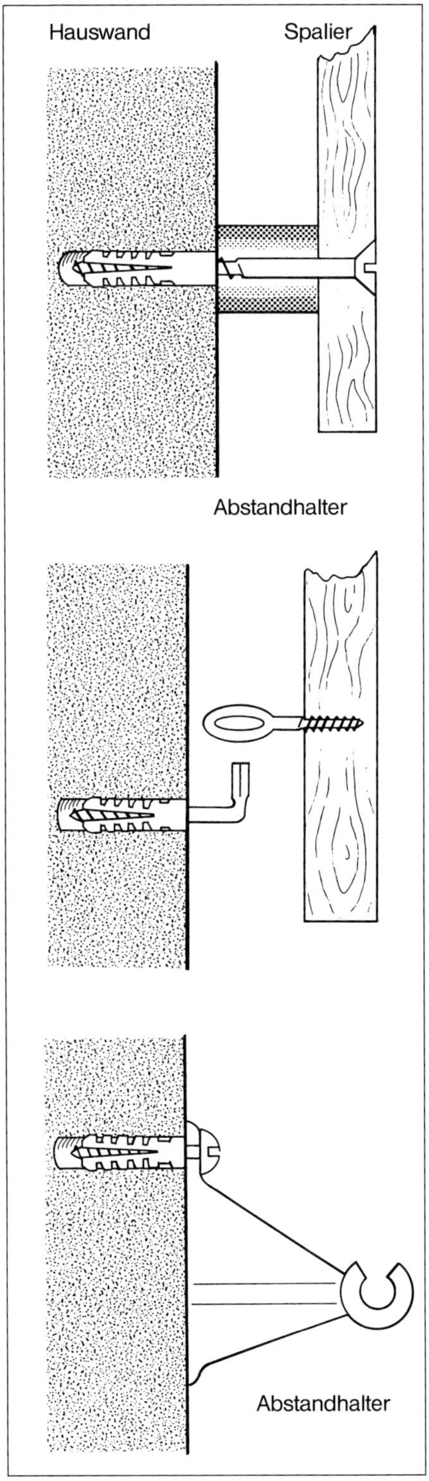

Verschiedene Möglichkeiten Spaliere an Wänden zu befestigen. Die Schrauben werden immer mit Dübeln gesichert. Oben dient ein Hartgummi- oder Kunststoffblock als Abstandhalter. In der Mitte eine Lösung für leichte bis mittelschwere Holzspaliere mit Schraubhaken und Ösen. Unten eine handelsübliche Aufhängung für Metallspaliere, die in die Öffnung eingehängt werden.

Einjährig gezogene Kletterpflanzen sind gut miteinander kombinierbar und benötigen weniger schwere Gerüste als die ausdauernden Arten.

jährige Arten wie Duftwicken, Schönranken oder Glockenreben bleiben dagegen ausgesprochene Leichtgewichte. Entsprechend ist die Wahl der Klettergerüste: Besonders schwer werdende Arten sind am besten an stabilen, bei geringer Tragfähigkeit der Hauswand zusätzlich vorgeständerten Holzkonstruktionen aufgehoben, die neben einer sicheren Verdübelung an der Hauswand zusätzlich durch Bodenanker gehalten werden, die die einwirkenden Kräfte nach unten ableiten. Lattenkonstruktionen müssen in diesen Fällen aus 6 × 4 cm Kanthölzern aufgebaut sein, während es bei schwächeren Kletterern auch leichtere Konstruktionen tun. Bewährt hat sich in jedem Fall druckimprägniertes Holz, was die höheren Anschaffungskosten gegenüber unbehandeltem durch eine jahrzehntelange Haltbarkeit wieder wettmacht.

Die Befestigung auf der Wand kann Probleme bereiten. Gut zu verwenden sind Dübel und Schrauben auf einlagigen Mineralputzen über Massivsteinwänden wie Ziegel und Kalksandstein. Auch Blockbohlenwände bereiten keine Schwierigkeiten. Problematisch sind Vorwandbekleidungen und Wärmedämmverbundsysteme, die eine geringere Tragfähigkeit besitzen. Wie im Falle von Gasbetonsteinen, müssen in solchen Fällen Spezialdübel, eventuell in größerer Zahl, verwendet werden. Man sollte sich nicht scheuen, fachlichen Rat bei einem Architekten oder einer Baufirma einzuholen, da sonst teure Fassadenreparaturen drohen.

Fassadenschäden und Ungeziefer

Schaden können Kletterpflanzen eigentlich nie, vorausgesetzt, wir richten uns nach ihren spezifischen Bedürfnissen. Sehr wohl können starke Wucherer Schäden am Dach anrichten, Dachrinnen verstopfen und Ziegel anheben, wenn wir sie nicht zurückschneiden. Dies gilt für den Knöterich (*Fallopia aubertii*), den Efeu (*Hedera*) oder die raschwüchsigen Jungfern- und Scheinreben aus den Gattungen *Parthenocissus* und *Ampelopsis*. Die Haftscheiben der Jungfernreben (*Parthenocissus tricuspidata und P. quinquefolia*) sind nicht leicht vom Putz wieder zu entfernen, was jedoch nur für den Fall des Absterbens der Pflanze und einer eventuellen Neugestaltung der Fassade wichtig ist. Für die Bildung von Haftscheiben ist ein Berührungsreiz notwendig, der zur Bildung eines klebstoffartigen Kontaktsekretes führt, welches die Ranke an der Unterlage fixiert. Danach beginnt das Gewebe zu wachsen und schmiegt sich äußerst eng an die Wandoberfläche, wobei die typischen Haftscheiben entstehen. Weist die Wand unter ihnen Risse auf, so wächst das Gewebe zapfenförmig hinein. Nach Abschluß des Wachstums verholzen die Haftscheiben und werden zu dauerhaften Ankern, die die Pflanze über Jahrzehnte befestigen. Haftscheiben verkümmern auf Acryl-Fassadenfarben, während Mineralfarben hervorragend geeignet sind. Dunkle, sich rasch erwärmende Untergründe und Wärmeschutzkonstruktionen können ebenfalls zum Absterben der Haftscheiben führen, so daß sich die Pflanzen nicht halten können. Die Wurzelkletterer senden ihre Wurzelhaare in die feinsten Oberflächenrisse, um sich so zu verankern. Ihr Wachstum wird durch Lichtmangel und Feuchtigkeit gefördert. Zu helle, reflektierende und trockene Putze sind daher für diese Selbstkletterer ungeeignet. Haftwurzeln in fertig ausgebildeter Form sind keine Saugwurzeln, d.h. sie geben keine Stoffe an ihre Umgebung ab und nehmen auch keine auf. Ein Funktionswechsel von Haftwurzeln zu Saugwurzeln ist allenfalls in sehr jungen Stadien denkbar. Später verkorken die Haftwurzeln und bekommen dadurch eine undurchlässige Oberfläche, von der keine schädigenden Einwirkungen auf intakten Mauern und Putzen zu erwarten sind. Sind Wand und Putz aber dauerhaft durchfeuchtet und gar noch gerissen, so wachsen die Wurzeln von Efeu hinein wie in ein Bodensubstrat und können den Verfall beschleunigen. Sogar die Jungfernrebe (*Parthenocissus*) bildet unter solchen Umständen sproßbürtige Saugwurzeln aus, die durch Erstarken und Absprengen der Putzoberfläche Schäden verursachen können. Bautechnisch intakte trockene Putzoberflächen sind aber nie gefährdet. Vorsicht sollte man bei reinen Dispersionsbeschichtungen auf Kunststoffbasis walten lassen. Ein Eindringen von Haftwurzeln und ihre Entwicklung zu Saugwurzeln ist bei diesem Material im Gegensatz zu mineralischen Putzen möglich. Bei einer Reihe von Kletterpflanzen wie Klettertrompete (*Campsis*) und Glyzine (*Wisteria*) muß man bereits bei der Planung berücksichtigen, daß diese Arten im Alter zentnerschwer am Haus hängen werden. Ein haltbarer Putz und eine sichere Befestigung sind daher schon beim Pflanzen Voraussetzungen, um spätere Schäden zu vermeiden (siehe Kapitel »Kletterpflanzen am Haus«). Die richtige Artenwahl und eine zuverlässige Befestigung machen Kletterpflanzen dagegen zu einem Fassadenschutz, der die Hauswand vor Sonne und Schlagregen schützt. Staub und Lärm werden vermindert. Vielen Tie-

ren bieten die dichten Schleier von Glyzinen, Efeu oder Wildem Wein Nistmöglichkeiten und Versteck. Natürlich wird man dadurch häufiger Insekten oder Spinnen an den Fenstern sehen, doch normalerweise sorgen Vögel dafür, daß das biologische Gleichgewicht bewahrt bleibt und einzelne Arten nicht überhand nehmen. Sperlinge, Gartenrotschwänzchen, Zaunkönig und Amseln sind besonders häufige Besucher in den grünen Wänden. Kein Wunder, daß ökologisch denkende Gartenämter die Verwendung von Kletterpflanzen in ihren Städten durch Zuschüsse fördern oder in Bebauungsplänen festschreiben.

Laubengänge und Pergolen

Laubengänge und Pergolen sind uns aus südlichen Ländern als Schattenspender wohlbekannt. Es sind begehbare Klettergerüste, die neben ihrer Tragfunktion auch eine architektonische Wirkung in die Gartenanlage hinein entfalten sollen. Sie laden ein zu Spaziergängen in feuchtschattiger Atmosphäre. Entsprechend müssen wir sie im eher kühlen Mitteleuropa verwenden. Nur in offenen, sonnigen Gartenlagen werden sie errichtet. Allzu oft erscheinen sie uns sonst als dunkle, den Gärtner naß tropfende Höhlengänge, die mehr Verdruß als Genuß bereiten.

Bei allen freistehenden Konstruktionen wie Laubengängen, Pergolen, Rosenbögen und sonstigen Rankgerüsten müssen wir auf Stabilität achten. Die flächenhafte Entwicklung vieler Kletterer bietet dem Wind Angriffsmöglichkeiten und er kann leicht ein einfach in den Boden gerammtes Spalier umwerfen. Besser ist daher die Verwendung von Bodenankern, die in ein betoniertes Punktfundament eingegossen werden. Zu diesem Zweck werden 40 bis 60 cm tiefe, spatenbreite Löcher ausgehoben und mit erdfeuchtem Beton (1 Teil Zement auf 3 bis 5 Teile Kies) gefüllt. In den frischen Beton werden die Bodenanker oder Balkenschuhe gedrückt und mit der Wasserwaage senkrecht ausgerichtet.

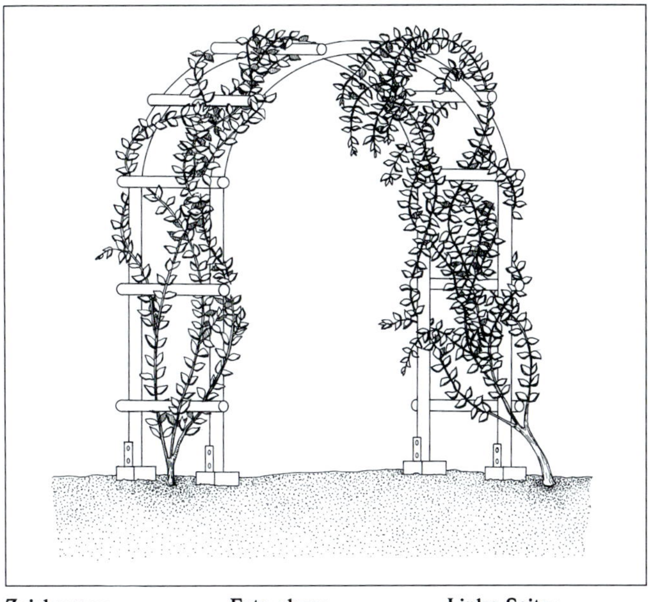

Zeichnung:
Ein freistehender Bogen, auf Betonpunktfundamenten verschraubt, ist haltbar und standsicher.

Foto oben:
Harmonisch fügt sich das Rosenrot zum Marmorweiß der Steinpergola.

Linke Seite:
Glyzinen schaffen mit ihrem dichten Bewuchs Lebensraum für Tiere.

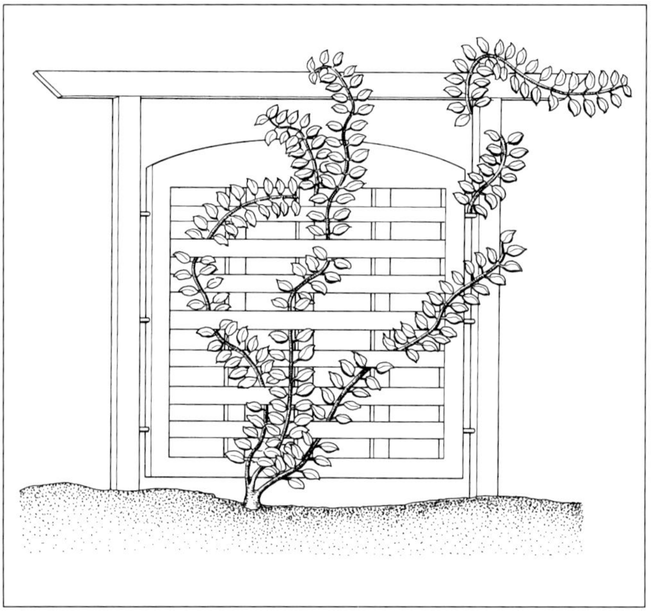

Einfache Pergola mit hölzernem, druckimprägniertem Rankgitter.

Dabei wird ein guter Kontakt zwischen Anker und Beton durch Verdichtung mit der Kelle oder mit dem Hammer hergestellt. Frühestens nach 24 Stunden sollte der Anker belastet werden, es sei denn, man hat dem Beton einen Schnellbinder zugesetzt, der eine frühere Beanspruchung ermöglicht. Die Befestigung zwischen Anker und einer Holzpergola geschieht normalerweise durch Maschinenkopfschrauben, die mit einer Kluppe oder Ratsche in das Holz gedreht werden.

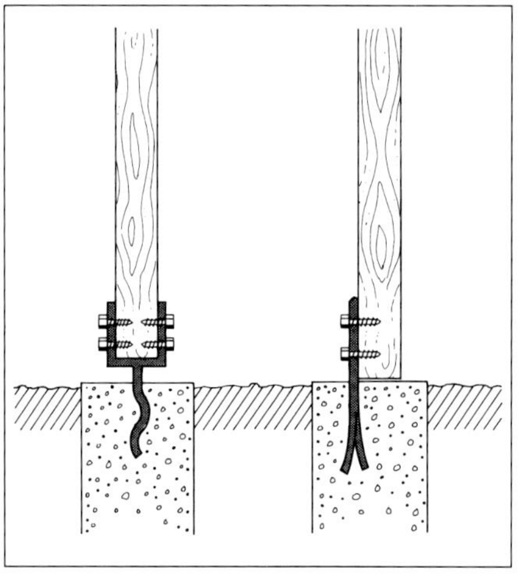

Zwei Möglichkeiten die Pfeiler einer Pergola im Boden zu verankern. Die Betonsockel sollten 60 cm tief sein. Wichtig ist, daß sich am Fuß der Holzpfosten keine Feuchtigkeit sammeln kann.

Vorbohren ist ratsam. Überwiegend werden heute Holzkonstruktionen verwendet, was mit ihrer leichten Verfügbarkeit und dem günstigen Preis zusammenhängt. Stets sollte man druckimprägniertes Holz bevorzugen, was aufwendige Anstriche vor Ort erspart. Lackierte Klettergerüste wirken zwar vornehmer sind aber erheblich teurer. Leider blättert auch der wetterfesteste Lack nach einiger Zeit ab, sieht dann häßlich aus und bedarf eines erneuten Anstrichs. Dies wird bei inzwischen erfolgter Begrünung schwierig durchzuführen sein und kann den Pflanzen schaden. Der Einsatz solcher lackierter Kletterhilfen sollte daher vorher gut bedacht werden. Die dauerhaftesten und optisch wirksamsten Pergolen werden aus Holz-Ziegelsteinkonstruktionen gefertigt. Allerdings sind Kosten und Aufwand auch am höchsten. Die tragenden Pfeiler werden aus Klinkerziegeln, Vollziegeln oder Hochlochziegeln gemauert. Bei letzteren ist ein wirksamer Feuchtigkeitsschutz gegen eindringende Nässe durch isolierenden Zementputz und nachfolgenden Anstrich (z.B. mit wasserverdünnbaren, umweltfreundlichen Wetterschutzfarben auf Acrylbasis) erforderlich, wenn sie auf Dauer frostbeständig bleiben sollen. Auf die wenigstens 2,20 m hohen und beispielsweise 36 × 20 cm umfassenden Pfeiler wird auf jeder Seite ein Längsträger (9 × 9 cm) aus druckimprägnierten Holz gelegt, auf den die Doppelreiter (3 × 20 cm) montiert werden, die den eigentlichen Laubengang überbrücken. Die Doppelreiter können genagelt werden, die Träger werden mit Winkeln an den Pfeilern verdübelt und verschraubt. Die Pfeiler müssen ein frostsicheres Punktfundament von 60 bis 80 cm Bodentiefe haben. Solche Konstruktionen können starke Kletterer wie Knöterich und Jungfernreben sowie Stammbildende wie Klettertrompeten und Glyzinen aushalten. Zusammen mit geschnittenem und aufgebundem Goldregen (z.B. *Laburnum* x *watereri* 'Vossii') schaffen die blauen und gelben Blütentrauben beider Arten die eindrucksvollsten Kletterpflanzen-Gartenbilder, die wir kennen.

Eine halbrunde, druckimprägnierte Holzpergola wurde hier meisterhaft als Ziel und Ende des Gartenweges arrangiert.

Linke Zeichnung: Holzzäune lassen sich gut mit Kletterpflanzen begrünen.

Rechte Zeichnung: Drahtzäune eignen sich hervorragend für die Begrünung mit feintriebigen Kletterpflanzen wie Mondsame (*Menispermum*), Geißblatt (*Lonicera*-Arten) oder Waldrebe (*Clematis* Arten).

Zäune und Mauern

Zäune und Mauern umgeben unsere Grundstücke zur Abgrenzung und Einfriedung. Der Garten soll ein Stück Privatsphäre sein, in dem der Mensch Muße und Frieden aber auch Anregungen und Ideen finden soll. Lärm, Staub, unerwünschte Blicke und ungebetene tierische oder menschliche Besucher stören den Gartenfrieden und sollen außerhalb gehalten werden. Zäune und Mauern helfen uns dabei. Leider sind sie oft kein Augenschmaus. Massive Sichtschutzwände aus oberflächenbehandeltem Holz und kahle Mauern aus Beton wirken kalt und abweisend. Der begrünte, rauhe Sichtschutzzaun und die alte, bewachsene Mauer aus

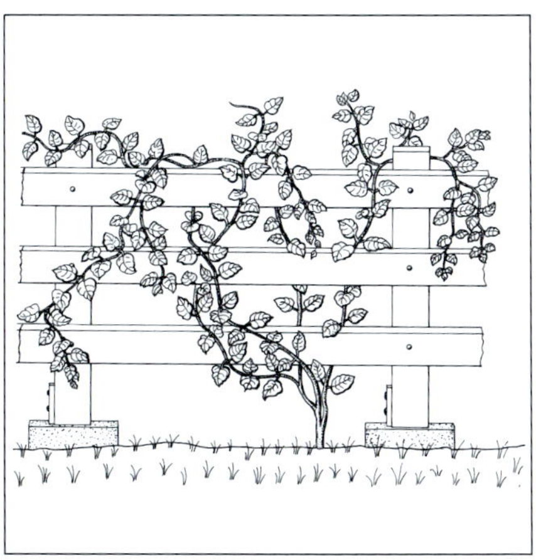

Japanischer Hopfen (*Humulus scandens*) bekleidet schnell und dicht Sichtschutzzäune.

Die hohen Sorten der Kapuzinerkresse (*Tropaeolum majus*) verleihen den ländlichen Charme eines Bauerngartens.

Naturstein oder Klinker wirken dagegen attraktiv und lebendig.

Lamellenzäune aus druckimprägniertem Holz sind für viele Schlinger wie Hopfen (*Humulus*), Geißblätter (*Lonicera*) und Waldreben (*Clematis*) geeignet. Diese Arten schlingen sich durch die oben und unten versetzt angebrachten Lamellen und vermögen den Zaun beidseitig zu begrünen. Ist die Oberfläche dagegen geschlossen und zu glatt, so müssen ähnlich wie an Hauswänden zusätzliche Klettergerüste montiert werden. Alte Steinmauern aus rauhem Naturstein und grober Verfugung lassen sich sehr gut mit selbstkletternden Arten wie Zimbelkraut (*Cymbalaria*), Efeu (*Hedera*) und den Jungfernreben (*Parthenocissus*) begrünen. Ihre Haftwurzeln und Saugscheiben finden Halt an den rauhen Oberflächen. Glatte, blendend weiß verputzte Mauern werden von diesen Arten oft nicht angenommen. Die Pflanzen finden keinen Halt auf rieselnden Mineral- oder glatten Kunststoffputzen. Hier muß man für zusätzliche Klettergerüste auf der abweisenden Oberfläche sorgen. Auch einfache Zäune aus verzinktem oder kunststoffüberzogenem Draht erfüllen durchaus ihren Zweck. Zwar bieten sie zunächst weniger Sichtschutz, sind aber ideale Klettergerüste und lassen sich in kurzer Zeit begrünen. Besonders geeignet hierzu sind die raschwüchsigen Platterbsen (*Lathyrus*), der Japanische Hopfen (*Humulus scandens*) und die Maurandie (*Asarina scandens*). Wer dauerhaften Sichtschutz sucht und weniger Wert auf Blüten legt, sollte die immergrünen Kletterpflanzen aus der Liste im Kapitel »Schönheiten im Schatten« wählen. Unter ihnen gehören die Efeuarten (*Hedera*) und besonders Henrys Geißblatt (*Lonicera henryi*) zu den raschwüchsigsten immergrünen Zaunbegrünern. Überhaupt sind alle Geißblätter sehr gut an Zäune zu setzen, wo sie willig blühen und sich sogar gegen Wurzelunkräuter und Gräser im Fußraum recht gut behaupten können. Dichten Bewuchs garantieren an Maschendrahtzäunen auch die Strahlengriffel (*Actinidia*), die durchaus einige Meter horizontal wachsen können.

Sie sind zwar sommergrün, doch ihr mit den Jahren sehr dichtes Netz aus ineinander verwobenen, schlingenden Achsen bietet nach einiger Zeit auch im Winter einen gewissen Sichtschutz. Gelungene Vegetationsbilder sind mit einer Mischung aus sommer- und immergrünen Arten zu erreichen. Efeu läßt sich sehr gut mit einer Reihe sommergrüner Arten, z.B. mit den Wilden Weinen, kombinieren. Zäune sind ein willkommenes Experimentierfeld für den Kletterpflanzenfreund. Nahezu alle Arten lassen sich daran ziehen. Allerdings können die besonders starkwüchsigen Arten wie Knöterich (*Fallopia aubertii*) und Glyzinen (*Wisteria*) über die Jahre einen leichten Drahtzaun unter sich begraben, so daß ihr Einsatz wohl bedacht sein will.

Einfache Klettergerüste

Freistehende Kletterhilfen von einfacherer Konstruktion für schwächere Kletterer sind ebenfalls windempfindlich und sollten entsprechend gesichert werden. Dies geschieht z.B. durch seitliche Stützen, die in den Boden gerammt und auf halber Spalierhöhe befestigt werden. Eine begrünte Sichtschutzwand muß gegenüber der Hauptwindrichtung abgestützt oder durch eine Drahtverspannung im Boden verankert werden. Hierzu kann man sehr gut die Drahtspanner und den kunststoffummantelten Spanndraht aus dem überall in Baumärkten erhältlichen Maschendrahtzubehör verwenden. Eine schnurgerade Ausrichtung der Pergola oder des Klettergerüstes ist immer windwurfgefährdeter als eine halbkreisförmige oder geschwungene Form. Für einjährige Kletterpflanzen wie Duftwicken (*Lathyrus odoratus*), Kanarische Kapuzinerkresse (*Tropaeolum peregrinum*) oder Schönranke (*Eccremocarpus scaber*) sind leichtere Konstruktionen brauchbar, die wir aus Holz und Draht fertigen. Dazu können wir 2 bis 3 m lange druckimprägnierte Rundpfähle verwenden, die wenigstens 40 cm tief und im Abstand von 1 bis 1,5 m in den Boden

Die altbewährten Bohnenstangen eignen sich gut für einjährige und leichtere ausdauernde Kletterpflanzen. Hier wurden sie geschickt mit einer Holzpergola kombiniert.

Einfach zu konstruieren ist eine solche Kletterhilfe aus Maschendraht.

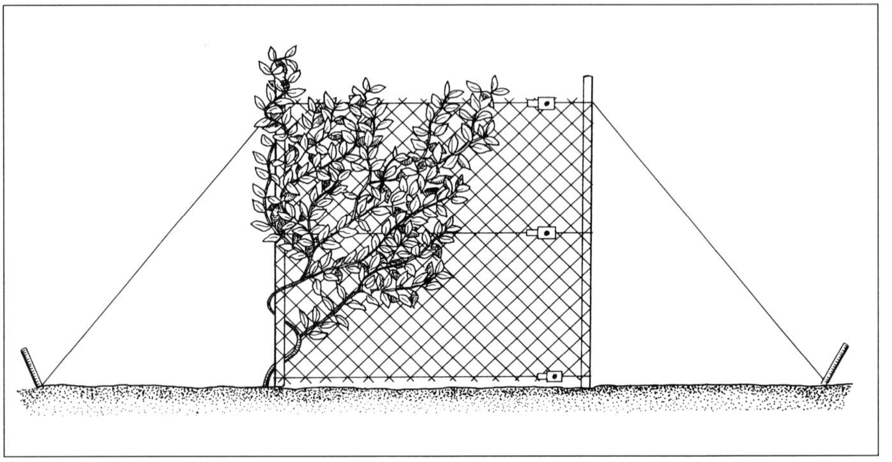

geschlagen werden. Die Ausrichtung erfolgt mit der Wasserwaage. In 10, 100 und 200 cm Höhe über dem Boden werden verzinkte U-Krampen eingeschlagen, durch die jeweils ein Spanndraht gezogen wird. Die Ausrichtung und Spannung der gesamten Konstruktion wird durch Drahtspanner erleichtert. Die beiden Endpfähle werden durch Spanndraht gesichert, der schräg nach unten läuft und an einem Bodenanker endet. Als Anker eignen sich zum Beispiel schräg in den Boden geschlagene Rundeisen wie sie im Tiefbau verwendet werden. Zwischen die Spanndrähte des Klettergerüstes können zusätzliche Drähte als Kletterhilfen geflochten werden. Man kann auch einen Maschendrahtzaun daran aufhängen, der sich für viele schlingende Arten wie Prachwinden (*Ipomoea*), Schwarzäugige Susanne (*Thunbergia alata*) oder Mina-Prunkwinde (*Quamoclit lobata*) eignet.

Wigwamartig in Gruppen zusammengesteckt erfüllt die altbekannte Bohnenstange ihren Zweck als Kletterhilfe für einjährige Arten, auch für leichtgewichtigere ausdauernde Kletterer wie die Geißblätter (*Lonicera*), Kletterrosen (Rosa) und Waldreben (*Clematis*).

Beispiel für ein handwerklich schönes, schmiedeeisernes Rankgerüst.

Pavillons und Gartenhäuser

In alten Parks und geräumigen Gärten gehören romantische Pavillons noch zum festen Bestandteil. Sie erscheinen wie Zeugen einer stilleren, verzauberten Zeit. Bereits im 15. Jahrhundert lud man in Japan zur Teezeremonie in Gartenpavillons ein. In Europa errichtete man im 16. Jahrhundert schattige Pavillons in den italienischen Renaissancegärten. Seitdem sind Gartenhäuser fester Bestandteil aller Gartenstilrichtungen geworden. Mal im Übermaß verwandt, wie im 18. Jahrhundert in den englischen und französchen Gärten des musealen Stils, mal zurückhaltend eingesetzt in bescheidener Umgebung, wie in den von Gertrude Jekyll inspirierten Landhausgärten des 19. Jahrhunderts. In den modernen Reihenhausgärten des 20. Jahrhunderts wirken Pavillons und Gartenhäuser leicht eingezwängt und unpassend. Eine sorgfältige Platzwahl ist nötig, um eine Wirkung zu erzielen. Vielfach ist mit einer Skulptur oder einem Findling mehr Atmosphäre zu schaffen als mit einem Bauwerk. Dennoch erleben wir mit gewachsenem Wohlstand und mehr Gartenfreizeit eine Renaissance der Pavillons, die bereits in einfacheren Ausführungen in jedem Baumarkt angeboten werden. Wirklich schöne Stücke stellen heute nur wenige Spezialfirmen her. Örtliche Zimmereien, Metallwerkstätten, Kunstschmieden oder Glasbaubetriebe fertigen auf Kundenwunsch durchaus noch historischen Vorbildern nachempfundene Prachtstücke, die zum Verweilen, Lesen und Bewirten einladen. Sie bestehen aus Holz, Metall und Glas. Natürlich haben sie wegen der reichlichen Handarbeit einen stolzen Preis. Ihre Anschaffungspreise entsprechen oft denen einer Doppelgarage. Doch das wird den wahren Liebhaber kaum stören, denn, vorausgesetzt das Grundstück bietet einen entsprechenden Platz, Gartenpavillons schaffen eine unvergleichliche Atmosphäre. Ihre geschwungenen Bogenfenster, die filigranen Verzierungen der Säulen und ihre sechs- bis achteckige Form darf man nicht verstecken. Allzu wüchsige Schlinger sind hier fehl am Platz. Pavillons und Kletterrosen gehören zusammen. Rosen tragen mit ihrer Symbolik als Liebespflanzen und dem süßen Duft zum Zauber des Pavillons bei. Geignete Sorten sind 'Coral Dawn', 'New Dawn', 'Ferdy' und andere »Rambler«' (siehe *Rosa*). Auch *Clematis* und *Lonicera* finden Verwendung. Überhaupt passen in die Nähe eines Gartenhauses Duftpflanzen, so daß Jasmine (*Jasminum* × stephanense, *J. officinale*) und Geißblätter (*Lonicera*) allesamt gut geeignet sind.

Bäume und Baumstümpfe

Kletterpflanzen sind gut geeignet, Farbe und Leben in verdorrende alte Bäume zu bringen. Für das harmonische Miteinander von Bäumen und Kletterern ist die richtige Auswahl entscheidend. Schwachwüchsige Kletterer wie *Clematis*-Hybriden können einem gesundem Baum kaum zum Konkurrenten werden. Abzuwägen ist dagegen der Einsatz von Starkschlingern wie *Vitis*-, *Fallopia*-, *Wisteria* oder *Parthenocissus*-Arten. Ihre Wuchskraft kann einen kleinen Baum unterdrücken und langfristig schädigen. *Celastrus* ist der »Baumwürger« und kann einen Baum regelrecht strangulieren. Bei alten Obstbäumen, die langsam verkahlen, mag eine starke Wüchsigkeit aber gewünscht sein. Eine *Vitis coignetiae* in einer alten Zwet-

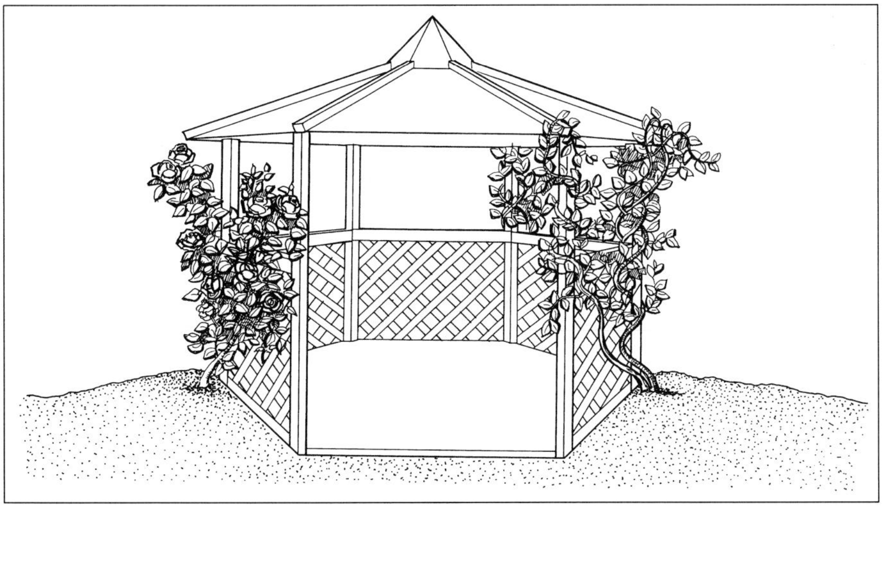

***Rosa* 'Coral Dawn' oder *Lonicera caprifolium* sind geeignete und wohlriechende Kletterpflanzen am romantischen Gartenpavillon.**

Für Efeu bedeuten auch glatte Baumstämme kein Hindernis für den Weg nach oben.

Linke Seite:
Tote, aber noch standfeste Baumstämme eignen sich noch besser als lebende zur Begrünung mit Kletterpflanzen, weil sie keine Wurzelkonkurrenten sind. Im Bild erweckt *Clematis montana* 'Elisabeth' einen alten Stamm zum Leben.

sche schafft für viele Jahre eine bunte Naturlaube und verdeckt totes Holz. Dabei wird für Vögel und Insekten Lebensraum geschaffen. Sogar abgestorbene Bäume sind als Kletterhilfe geeignet. Voraussetzung ist allerdings, daß der Baum nicht an einer ansteckenden Pilz- oder Bakterienkrankheit zugrunde gegangen ist, wie z.B. dem Feuerbrand. Dann hilft nur Ausroden mitsamt der Wurzel. Anderenfalls läßt man soviel vom Baum stehen, daß er statisch stabil bleibt und bepflanzt werden kann. Selbst übriggebliebene Stümpfe, die zuviel Mühe zum Roden machen, sind als Klettergerüst geeignet, sofern man den Stamm auf 2 bis 3 m Höhe belassen hat. Sie werden mit Efeu und seinen Varietäten zu dauergrünen Gestaltungselementen im Garten. Auch die Jungfernreben der Gattung *Parthenocissus* eignen sich sehr gut zum Überwuchern solcher Relikte. Sie sind allerdings sommergrün, so daß bedacht werden muß, wie der solchermaßen begrünte Baumstumpf in den langen Wintermonaten wirkt. Niedrigeren Baumstümpfen kann man versuchen mit dem Zimbelkraut (*Cymbalaria muralis*) oder den kriechendkletternden Zwergmispeln (*Cotoneaster*) ein harmonisches Aussehen zu verleihen.

Bei der Pflanzung von Kletterpflanzen an gesunden Bäumen ist auf ausreichenden Abstand vom Stammfuß zu achten, damit die Wurzeln nicht beschädigt werden und die Konkurrenz zwischen Baum und Kletterpflanze nicht zu groß wird. Am besten führt man eine Kletterpflanze über einen Zaun, ein Spalier oder eine Pergola an die unteren Äste der Baumkrone heran und läßt sie hineinwuchern.

Kletterpflanzen als Bodendecker

Die Eigenart vieler Kletterpflanzen, langausladende, sich verzweigende und manchmal bewurzelnde Triebe zu bilden, läßt ihre Verwendung als bodendeckende Pflanzen zu. Bodendecker werden heute von vielen als langweilig abgetan, weil in der Vergangenheit vielfach mit einem Übermaß an Zwergmispeln, Geißblättern oder Schneebeeren des Guten zu viel getan wurde. Die bodendeckende Pflanze erfüllt aber eine durchaus sinnvolle Funktion im Garten, wenn sie überlegt eingesetzt wird. Als Unterpflanzung der Gehölze schützt sie den Boden vor Schlagregen, Trockenheit und Wind und trägt zu einem günstigen Mikroklima bei. Bodendecker hemmen den Aufwuchs unerwünschter Konkurrenten und schaffen ein natürliches Vegetationsbild. Unentbehrlich sind sie bei der Begrünung von Steilstufen im Gelände, wo sie den Boden festhalten. Solche Steilhänge sind oft für einen Rasen ungeeignet, weil sie mit normalem Gerät nicht gemäht werden können. Wer das Glück hat, größere Felsen, Findlinge oder Trockenmauern in seinem Garten zu besitzen, kann mit Kletterpflanzen als Bodendecker hervorragende Effekte erzielen. Die Jungfernreben (*Parthenocissus*) wuchern willig über solche Felspartien und schaffen mit ihrem herbstlichen Farbenschmuck wildromantische Gartenbilder. Auch in sehr schattigen Lagen an Nordseiten und unter größeren Laub- und Nadelgehölzen läßt sich mit den immergrünen Efeu- (*Hedera*) und Kriechspindelarten (*Euonymus fortunei*) der kahle Boden wirkungsvoll begrünen. Trotz der Wurzelkonkurrenz der Bäume sind diese Arten in der Lage, dichte Pflanzendecken hervorzuzaubern. Je größer die zur Verfügung stehende Fläche, um so höher dürfen auch die bodendeckenden Kletterpflanzen werden. Die Sonnenlicht spendenden, gelb- oder silbrig panaschierten Formen der Kriechspindel (z.B. *Euonymus fortunei* 'Emerald'n Gold') werden teilweise bis zu 80 cm hoch und sollten daher nur auf größeren Flächen eingesetzt werden. Die niedrig bleibenden Efeus und Wilden Weine schmücken dagegen auch das kleinere Beet. Besonders für die Pflanzschale eignen sich die klein bleibenden Kriechspindeln 'Minimus' und 'Variegatus'. Weniger rasch und dicht decken Kletterrosen (z.B. *Rosa* 'Ferdy') und die Kletterhortensie (*Hydrangea petiolaris*) den Boden. Zwischen ihnen muß der Gärtner mehrfach im Sommer Unkraut jäten. Ähnlich wie die Wilden Weine kann man sie zur Berankung größerer Steinhaufen oder Findlinge einsetzen, wo sie ganz besonders romantische Gartenbilder hervorzubringen vermögen. Eine pflegeleichte, anspruchslose und rasch schließende Pflanzendecke bilden sie nicht, so daß sie nur an bestimmten Stellen eingesetzt werden können. Unter den Zwergmispeln (*Cotoneaster*) gibt es zahlreiche Vertreter, die sproßbürtige Wurzeln entwickeln und damit etwas klettern können. Diese Wurzeln bilden sich nur an feuchten Oberflächen und dienen eher der Ernährung als der Haftung.

Zwergmispeln sind daher gute Bodendekker aber schlechte Wurzelkletterer. Immerhin lassen sich mit den langsam wüchsigen Sorten von *Cotoneaster dammeri* var. *radicans* wie 'Streib's Findling' sehr effektvoll Findlinge begrünen und natürlich in die Umgebung einfügen. Die zahlreichen weißen Mispelblüten sind ein Geschenk an die Bienen und die roten Beerenfrüchte kontrastieren im Herbst reizvoll das dunkelgrün glänzende Laub. 'Streib's Findling' wächst nur etwa 10 cm hoch pro Jahr, wurzelt aber willig in Gips- und Sandsteinfugen, wobei auch halbschattige Lagen begrünt werden. Nur in voller Sonne entfaltet dagegen die Kapuzinerkresse ihre

Bodendeckende Kletterpflanzen			
Art	Wuchs-höhe (cm)	Pflanzen je m²	Sonne ○ -Schatten ●
Cotoneaster dammeri			
'Streib's Findling'	10	8–10	○–●
Euonymus fortunei	100	2–3	○–●
– 'Dart's Blanket'	50	6–8	○–●
– 'Dart's Carpet'	30	6–8	○–●
– 'Dart's Ideal'	30	6–8	○–●
– 'Emerald Gold'	100	5–6	○–●
– 'Minimus'	10	15–20	○–●
– 'Sunspot'	40	6–8	○–●
– var. *radicans*	30	6–8	○–●
– 'Variegatus'	30	6–8	○–●
– 'Vegetus'	100	2–3	○–●
Hedera colchica	30	5–6	○–●
– *helix*	20	6–8	○–●
– *hibernica*	20	6–8	○–●
Hydrangea petiolaris	40	3–4	○–●
Lonicera japonica			
– 'Halliana'	40	2–3	○–●
Parthenocissus			
– *quinquefolia*	30	5–6	○
– *tricuspidata*	30	5–6	○
Rosa 'Ferdy'	60	2–3	○
– 'Swany'	50	3–4	○
Schisandra chinensis	40	3–4	○–●
Tropaeolum majus	30	5–6	○
– 'Bunte Juwelen'	20	6–8	○
– 'Nanus'	20	6–8	○
– 'Whirlybird'	20	6–8	○

ganze Schönheit. Alle Sorten von *Tropaeolum* schaffen einen dichten, dauerblühenden Teppich, durch den kaum Unkräuter emporkommen. Die Pflanze kann nicht vor Mitte Mai ins Freiland gesetzt werden und ihre Blütenpracht erlischt mit den ersten kalten Nächten im Oktober, da die tropischen Kapuzinerkressen sehr kälteempfindlich sind. Trotzdem ist die Kapuzinerkresse es wert, jedes Jahr neu an Weg- und Beeträndern und vor verkahlenden Gehölzen gepflanzt zu werden.

Bodendecker müssen immer in größerer Zahl und relativ dicht pro Quadratmeter gepflanzt werden, damit sie optisch und funktionell befriedigen. Die Tabelle enthält dazu die entsprechenden Angaben.

Kletterpflanzen für besondere Ansprüche – Verwendungslisten

Haben Sie tonigen oder sandigen Boden im Garten, nur Nord- und Westexpositionen, vorgeschriebene Bepflanzungspläne, zu nassen oder zu trockenen Boden? Benötigen Sie aufhellende Pflanzen im Schatten? Suchen Sie besonders schöne Blüten oder Früchte? Sie können in jedem Fall auf Kletterpflanzen zurückgreifen. Die folgende Zusammenstellung gibt Hinweise zur richtigen Artenauswahl. Spezielle Hinweise zu den einzelnen Arten finden Sie im Abschnitt »Die schönsten Kletterpflanzen und ihre Kultur«.

Viele Kriechspindeln (im Bild *Euonymus fortunei* 'Minima') eignen sich als Bodendecker ebenso wie als Kletterpflanzen.

Kletterpflanzen an Nordwänden
Akebia quinata (Akebie)
Celastrus orbiculatus (Baumwürger)
Clematis alpina (Alpenwaldrebe)
Clematis montana (Bergwaldrebe)
Clematis vitalba (Gemeine Waldrebe)
Cymbalaria muralis (Zimbelkraut)
Euonymus fortunei (Kletterspindel in Farbvarietäten)
Hedera (Efeu in Arten und Sorten)
Hydrangea petiolaris (Kletterhortensie)
Lonicera caprifolium (Gartengeißblatt)
Lonicera × heckrottii (Feuergeißblatt)
Lonicera periclymenum (Waldgeißblatt)
Lonicera × tellmanniana (Goldgeißblatt)
Tamus communis (Schmerwurz)

Kletterpflanzen an Südwänden
Actinidia kolomikta (Kolomikta-Strahlengriffel)
Ampelopsis aconitifolia (Sturmhutblättrige Zaunrebe)
Campsis radicans (Amerikanische Klettertrompete)
Campsis grandiflora (Chinesische Klettertrompete)
Cobaea scandens (Glockenrebe)
Eccremocarpus scaber (Schönranke)
Humulus lupulus (Hopfen)
Ipomoea purpurea, I. tricolor (Prachtwinden)
Parthenocissus (Arten und Sorten der Jungfernreben)
Passiflora caerulea (Blaue Passionsblume)
Rosa (Kletterrosen in Sorten)
Tropaeolum pereginum (Kanarische Kapuzinerkresse)
Vitis coignetiae, V. vinifera (Weinreben)
Wisteria (Glyzinen in Arten)

Kletterpflanzen an West- und Ostwänden
Actinidia kolomikta (Kolomikta-Strahlengriffel)
Clematis (Hybriden und Wildarten der Waldreben)
Cobaea scandens (Glockenrebe)
Hedera (Arten und Sorten des Efeus)
Humulus lupulus (Hopfen)
Hydrangea petiolaris (Kletterhortensie)
Ipomoea purpurea, I. tricolor (Prachtwinden)
Jasminum nudiflorum (Winterjasmin)
Lonicera (Arten und Sorten des Geißblatts)
Rosa (Kletterrosen in Sorten)
Wisteria (Glyzinen in Arten)

Kletterpflanzen mit buntem Laub
Actinidia kolomikta (Kolomikta-Strahlengriffel, weiß-rosa Blattspitzen)
Euonymus fortunei 'Coloratus' (Kletterspindel mit rot verfärbendem Laub)
Euonymus fortunei 'Emerald Gold' (Kletterspindel mit schönem goldgelben Blattrand)
Hedera colchica 'Sulphur Heart' (Kolchischer Efeu mit gelber Aderung und Blattmitte)
Hedera helix 'Silbermöwe' (Efeusorte, silbergrau mit weißem Blattrand)
Hedera helix 'Goldherz' (Efeusorte, dunkelgrüner Blattrand mit sattgelber Mitte)
Hedera helix 'Atropurpurea' (Efeusorte, dunkelgrün, bei Kälte rotbraune Blätter)
Humulus lupulus 'Aureus' (Hopfen mit gelbgrünem Laub)
Lonicera japonica 'Aureo-Reticulata' (Geißblatt mit goldgelber Blattnervatur)
Parthenocissus tricuspidata 'Purpurea' (Jungfernrebe mit sommerroten Blättern)

Kletterpflanzen mit dekorativen Früchten
Actinidia chinensis (Strahlengriffel, braune, behaarte Beerenfrüchte)
Celastrus orbiculatus (Baumwürger, rote Samen vor gelber Fruchtwand)
Celastrus scandens (Baumwürger, rote Samen vor orangener Fruchtwand)
Clematis tangutica (Mongolische Waldrebe mit silbrigen Samenhaar-

schöpfen)
Clematis vitalba (Einheimische Waldrebe mit silbrigen Samenhaarschöpfen)
Humulus lupulus (Hopfen, zapfenartige Scheinähren)
Lonicera periclymenum (Geißblatt, scharlachrote Beeren)
Menispermum canadense (Mondsame, blauschwarze Beerentrauben)

Besonders schön blühende Kletterpflanzen
Asarina scandens (Maurandie, blau)
Campsis (Klettertrompeten, Arten und Hybriden, rot-orange, gelb)
Clematis (Waldreben, großblumige Hybriden in rot und blau, gelbe Wildarten)
Cobaea scandens (Glockenrebe, blau)
Eccremocarpus scaber (Schönranke, rot)
Ipomoea purpurea (Prachtwinde, purpurviolett)
Ipomoea tricolor (hellblau)
Jasminum nudiflorum (Winterjasmin, gelb)
Lathyrus odoratus (Duftwicke, in allen Farben außer gelb)
Lonicera × *brownii* 'Dropmore Scarlett' (Geißblatt, rot)
Lonicera × *heckrottii* (Geißblatt, gelb und purpurn)
Quamoclit lobata (Mina-Prunkwinde, orange und gelb)
Rosa (Kletterrosen in vielen Sorten und Farben)
Tropaeolum peregrinum (Kanarische Kapuzinerkresse, gelb)
Wisteria sinensis (Chinesische Glyzine, blauviolett)
Wisteria floribunda 'Alba' (Japanische Glyzine, weiß)

Einheimische und eingebürgerte Kletterpflanzen
Bryonia dioica (Zweihäusige Zaunrübe)
Clematis alpina (Alpenwaldrebe, in Sorten)
Clematis vitalba (Gemeine Waldrebe)
Cymbalaria muralis (Zimbelkraut)
Hedera helix (Efeu, in Sorten)
Humulus lupulus (Hopfen)
Lathyrus sylvestris (Waldplatterbse)
Lonicera caprifolium (Wohlriechendes Geißblatt)
Lonicera periclymenum (Wald-Geißblatt, in Sorten)
Rosa arvensis (Feldrose)
Rubus fruticosus (Brombeere)
Solanum dulcamara (Bittersüßer Nachtschatten)
Tamus communis (Schmerwurz)
Vitis vinifera ssp. *sylvestris* (Wildrebe)

Einjährige und nicht frostharte Kletterpflanzen
Asarina scandens (Maurandie)
Cobaea scandens (Glockenrebe)
Eccremocarpus scaber (Schönranke)
Phaseolus coccineus (Feuerbohne)
Humulus scandens (Japanischer Hopfen)
Ipomoea (Prachtwinden, in Sorten und Arten)
Lathyrus odoratus (Duftwicke)
Quamoclit lobata (Mina-Prachtwinde)
Rhodochiton volubile (Rosenkelch)
Thunbergia alata (Schwarze Susanne)
Tropaeolum (Kapuzinerkressen, in Arten und Sorten)

Immergrüne Kletterpflanzen
Clematis armandii (Armands Waldrebe, nur in milden Lagen)
Cymbalaria muralis (Zimbelkraut)
Euonymus fortunei (Kletterspindel, in Sorten)
Hedera colchica (Kolchischer Efeu, in Sorten)
Hedera helix (Gemeiner Efeu, in Sorten)
Hedera hibernica (Atlantikefeu)
Lonicera henryi (Henrys Geißblatt)
Passiflora caerulea (Blaue Passionsblume, nur in milden Lagen)
Rubus henryi (Kletterhimbeere)

Die schönsten Kletterpflanzen und ihre Kultur

Winterharte ausdauernde Arten

Diese Gruppe umfaßt die langlebigen und attraktiven Kletterpflanzen, die dauerhaft Hauswände bekleiden oder Pergolen begrünen. Sie bieten die größte Vielfalt an Blüten-, Blatt- und Wuchsformen in unserem mitteleuropäischen Klima. Unter ihnen befinden sich wenige immergrüne und eine große Zahl sommergrüner Kletterpflanzen. Es wurden die schönsten und widerstandsfähigsten Arten und Sorten ausgewählt, die im Handel leicht zu erwerben sind.

Actinidia kolomikta **hat das auffälligste Laub aller Strahlengriffel.**

Rechte Seite: Wer solche Kiwis ernten will, muß ***Actinidia chinensis*** **einen sonnigen, geschützten Platz und eine stabile Kletterhilfe mit großer Fläche bieten können.**

Actinidia

Strahlengriffel, Actinidiaceae

Der vom griechischen »aktinidia« abgeleitete Name nimmt Bezug auf die strahlige Stellung der Narben in der Blüte. Die Blüten sind teils zwittrig, teils eingeschlechtig und können auf verschiedene Individuen verteilt sein. Wir haben dann männliche und weibliche Pflanzen, was als Zweihäusigkeit bezeichnet wird. Wer Wert auf die Kiwi-Früchte legt, muß entsprechend beide Geschlechter anpflanzen. Die Gattung umfaßt sommergrüne, verholzende Schlinger, die zum Teil Sonne (*Actinidia kolomikta*) zum Teil Halbschatten (*Actinidia arguta*) bevorzugen. Die Pflanzen wachsen am besten in stets feuchtem, aber nie staunassen Gartenboden und werden im Winter zurückgeschnitten. Alle Strahlengriffel treiben früh und sind deshalb spätfrostgefährdet. Allerdings wenden geschütze Pflanzstellen an Mauern und Häusern oft den Frostschaden ab. Vermehrung ist durch Aussaat im Frühling und Herbst, Stecklinge im Sommer sowie durch Absenker möglich. Die Strahlengriffel haben ihre Heimat im gemäßigten Ostasien.

Actinidia arguta (Scharfzähniger Strahlengriffel) Er ist eine mittelstark, 4 bis 5 m hoch wachsende Pflanze in gesundem Grün mit kleinen aber duftend weißen Blüten, die im Juni erscheinen. Sie entwickeln ab September süßsaure, eßbare Früchte. Auf jedem Gartenboden gedeiht sie auch in halbschattigen und schattigen Lagen, wo sie ab August kleine, grüngelbe Früchte entwickelt.

Actinidia chinensis (Kiwi, Chinesischer Strahlengriffel) ist eine sehr stark wachsende, laubwerfende Kletterpflanze, die

zu gutem Gedeihen und eventuellem Fruchtansatz sonnige Plätze benötigt. Die herzförmigen Blätter sind bis 20 cm lang und die ganze Pflanze kann 10 m Länge erreichen. Blütezeit ist Juni-Juli. Aus den tassenförmigen, weißgelben Blüten werden später die eßbaren, behaarten braunen Früchte. Voraussetzung für die Fruchtbildung ist das Nebeneinander von männlichen und weiblichen Pflanzen. Legt man Wert auf große Früchte, so kann man, ähnlich wie bei der Weinrebe, die Zahl der Kiwitriebe stark reduzieren und die wenigen verbliebenen am Spalier ziehen. Nach der Blüte werden die später fruchttragenden Triebe vier bis fünf Knoten hinter der Blüte eingekürzt, damit die Entwicklung nicht ins Längen- und Blattwachstum geht, sondern den Früchten zugute kommt. Allerdings sind auch Einzelpflanzen wegen ihrer exotischen Blätter und enormen Wuchsleistungen als Kletterpflanzen attraktiv. Wenn man Glück hat, lassen sie sich aus den Samen importierter Kiwifrüchte ziehen. Die Winterhärte ist meist ausreichend aber sortenabhängig. Die Sorte 'Hayworth' läßt ihre Früchte im Oktober-November auch in Mitteleuropa reifen. Neuerdings ist die sogenannte 'Bayern-Kiwi' im Handel, die weibliche und männliche Blüten an einer Pflanze trägt , sicher fruchten und ausreichend winterhart sein soll.

Die Akebie (*Akebia quinata*) trägt ihre eingeschlechtigen, duftenden Blüten im Mai.

Actinidia kolomikta (Kolomikta-Strahlengriffel) ist eine Liane, die sich vor Wänden und Mauern strauchartig entwickeln kann, aber auch an Klettergerüsten bis 4 m hoch windet. Ihr besonderer Gartenwert beruht weniger auf den kleinen weißen Blüten als auf der weiß-rosa Färbung der oberen Blatthälften, die in ihrer Vielzahl Farbe auch an halbschattigen Gartenplätzen schaffen. Die Farben wirken aber am besten in sonnigen Lagen. Sie ist frosthart und trägt ebenfalls die männlichen und weiblichen Blüten an verschiedenen Pflanzen. Die etwa 3 cm langen gelben Früchte reifen ab Oktober und sind eßbar. In ihrer ostasiatischen Heimat wird die Kletterpflanze »Kolomikta« genannt. Sie wurde 1877 von Charles Maries aus Japan nach Europa eingeführt. Er nannte sie »Katzenpflanze«, weil ihre Blätter Katzen geradezu magisch anziehen sollen. Junge Pflanzen müssen deshalb eventuell mit Kaninchendraht gegen Beschädigungen geschützt werden.

Akebia quinata

Akebie, Lardizabalacea

Der japanische Name »Akebi« kennzeichnet eine Gattung, die laubwerfende und halbimmergrüne verholzende Schlinger umfaßt. Die handförmig gefiederten Blätter und eigenartigen Blüten machen den besonderen Zierwert bei *Akebia* aus. Die Blüten sind braunpurpurn, riechen nach Vanille und erscheinen im Mai. Sie sind eingeschlechtig und sitzen in Trauben, die unten weiblich und oben männlich sind. Aus ihnen entwickeln sich manchmal wurstartige Früchte. Die Pflanzen sind linkswindende Schlinger, die sich gut an Pergolen und Gerüsten emporwinden. Mit Jahrestrieben von 1 bis 1,5 m können sie rasch 8 m Höhe erreichen. *Akebia* toleriert schattigere Lagen, kann aber auch in voller Sonne gezogen werden. Die Pflanzen gedeihen in jedem gutgedüngten Gartenboden, sind frosthart, reagieren aber auf Störungen, z.B. durch Graben, sehr empfindlich. Die Vermehrung geschieht durch Frühlings- oder Herbstausaat und Stecklinge der halbreifen Triebe im Sommer. Heimat: Die gemäßigten Zonen Chinas, Japans und Koreas. Die Art wurde 1845 von Robert Fortune aus China eingeführt.

Ampelopsis aconitifolia

(syn. *Vitis aconitifolia*) Sturmhutblättrige Zaunrebe, Vitaceae

Zusammengesetzt aus den griechischen Wörtern »ampelos« = Rebe und »opsis« = Aussehen, d.h. den Weinreben ähnlich. Die Gattung umfaßt laubwerfende Rankenkletterer, ohne Haftscheiben aber von starkem Wuchs und langer Lebensdauer. Alte Exemplare entwickeln baumartige Stämmchen. Die Blüten sind unscheinbar und grünlich. Die Früchte sind blau, später orange und nicht zum Genuß geeignet. Die Blätter sind drei- bis fünfteilig gefingert, die Blättchen oft sehr tief zerschlitzt. Die Pflanzen fühlen sich in Sonne und Halbschatten gleichermaßen wohl. Die Pflanzen klettern mit verzweigten Ranken bis 8 m hoch und sollten eine stabile Kletterhilfe bekommen. Mit ihrer Wuchskraft können sie allmählich auch große Bäume und Gebäude überwuchern. Im Gegensatz zu den verwandten Vitaceen-Gattungen entwickelt sich keine auffällige Herbstfärbung. Vermehrung durch krautige Stecklinge im Sommer. Die Zaunrebe ist völlig winterhart in Deutschland. Heimat: Ostasien. Eingeführt aus Nordchina um 1868.

Die Blüten der Pfeifenwinden (hier *Aristolochia macrophylla*) ähneln altmodischen Tabakspfeifen.

Aristolochia macrophylla

(syn. *Aristolochia durior*) Pfeifenwinde, Aristolochiaceae

Aus dem lateinischen »aristolochia«, womit zur Römerzeit die geburtsfördernde Osterluzei und ihre Verwandten bezeichnet wurden. Die Gattung umfaßt etwa 500, meist tropische Arten. Die Art braucht einige Jahre, bis sie zur Blütenbildung schreitet. Die Pfeifenwinden entwickeln im Frühling interessante, weißpurpurfarbene Blüten, deren Gestalt an altmodische Tabakspfeifen erinnert. Es sind Kesselfallenblumen, die ihre Bestäuber, meist Fruchtfliegen, eine Weile in den Blütenröhren einsperren, um die Bestäubung sicherzustellen. Erst nach einem Tag Arrest geben die Reusenhaare im Blüteninneren den Weg wieder frei und die frisch mit Pollen eingepuderten Insekten können zur nächsten Blüte fliegen. Die Pfeifenwinde ist ein Linksschlinger, die in ihrer amerikanischen Heimat bis 10 m hoch in Bäume vordringt. Wurzeln und Rinde duften aromatisch. Die außerordentlich großen, herzförmigen Blätter bevorzugen Halbschatten und erfordern regelmäßiges Gießen der Pflanze in trockenen Sommern. Ihre Form und Größe machen die Pfeifenwinde zu einem bevorzugten Schlinger an Zäunen, Klettergerüsten und

Gartenpavillons, wo sie regelrechte »Liebeslauben« entstehen läßt. An glatten Wänden ist eine Kletterhilfe erforderlich. Rückschnitt kann bei Bedarf regelmäßig durchgeführt werden. Die Vermehrung geschieht durch Stecklinge im Sommer, Absenker und Aussaat. Heimat: Östliches Nordamerika. Die Art wurde 1763 von John Bartram aus Philadelphia nach Europa geschickt.
Die Schwesterart *Aristolochia tomentosa* ist seltener in Europa angepflanzt, aber ebenfalls lohnend und winterhart. Sie ist insgesamt stärker behaart und hat etwas kleinere Blätter. Ihre Heimat ist der Süden der USA.

Bryonia dioica

Zweihäusige Zaunrübe, Cucurbitaceae

Bereits den antiken Naturforschern Plinius und Dioskorides war die Zaunrübe als »bryonia« bekannt. Der deutsche Name bezieht sich auf die fußballgroßen unterirdischen Rüben alter Exemplare, denen Heil- und Zauberkraft zugesprochen wurde. Dieser Glaube an die Heilkraft beruhte aber seit dem Mittelalter auf der unabsichtlichen oder aus geschäftlichen Gründen absichtlichen Verwechslung mit der Alraune (*Mandragora officinarum*), deren Inhaltsstoffe äußerst wirksam aber auch sehr giftig sind, was für die Zaunrübe nicht gilt. Ihre roten Beerenfrüchte, die im Hochsommer erscheinen, sind allerdings giftig. Die Zaunrübe ist ein zweihäusiges Kürbisgewächs mit weiblichen und männlichen Blüten an unterschiedlichen Pflanzen und ahornartigen fünflappigen Blättern. Sie klettert mit spiraligen Ranken. Die Pflanze kann durch ihr starkes Wuchern bis 4 m Höhe zum Problem werden. Interessant für Liebhaber einheimischer Arten und als alte Zauber- und Medizinalpflanze. Heimat: Europa.

Alle Klettertrompeten (*Campsis*), auch die gelbblühende 'Golden Trumpet', brauchen zur Blütenbildung viel Sonne.

Campsis radicans

Amerikanische Klettertrompete, Bignoniaceae

Vom griechischen »kampsis« = Bogen, was man auf die Wuchsform aber auch auf die bogig gekrümmten Staubblätter beziehen kann, leitet sich der Name des laubwerfenden, verholzenden Wurzelkletterers ab, der in rauhen Lagen Winterschutz durch Abdeckung der Pflanzscheibe mit Laub benötigt. Die Pflanze trägt besonders schöne, auffällig orangerote Trompetenblüten mit 5 Kronlappen, die in Gruppen an diesjährigen Achsen sitzen und bis zu 8 cm lang werden können. Es sind Vogelblumen, die in ihrer Heimat wahrscheinlich durch Kolibris besucht werden. Die Blüten erscheinen erst im Hochsommer, in kühlen Jahren noch später. Die glänzendgrünen Blätter sind gefiedert mit 9 bis 11 Blättchen und bilden einen schönen Kontrast zu den lebhaft gefärbten Blütenständen. Die Pflanze bevorzugt sonnige Südlagen, wo sie bei guter Wasser- und Düngerversorgung in wenigen Jahren bis zu 10 m hoch wächst. Besonders im Sommer ist sie für regelmäßiges gründliches Gießen dankbar. Ihre im Winter wie abgestorben erscheinenden Achsen können sehr alt werden und den Umfang kleinerer Bäume erreichen. Obwohl sie wie Efeu sproßbürtige Wurzeln entwickelt, müssen ihre meterlangen Triebe an Klettergerüsten und Spalieren befestigt werden, weil sie sich auf Hausputzen nicht halten kann. Ein Rückschnitt der starkwüchsigen Art ist öfter erforderlich und sollte vor dem Austrieb im Frühling stattfinden. Ein jährliches Zurückstutzen der jüngsten Achsen fördert die Blütenpracht. Die Vermehrung erfolgt durch Absenker, Wintersteckholz und Stecklinge, die man von jungen, halbreifen Trieben im Sommer schneidet. Neuerdings sieht man auch eine goldgelbe Sorte von *Campsis radicans* genannt 'Golden Trumpet' auf dem Markt. 'Praecox' ist eine früher blühende, scharlachrote Varietät. Die Heimat der Art ist das südöstliche Nordamerika. Von dort wurde sie um 1640 durch britische Siedler nach Hause geschickt.

Selten sieht man bei uns *Campsis grandiflora*, die im Jahr 1800 aus China eingeführt wurde, sehr ähnlich aussieht, aber noch wärmeliebender ist. Die Sorte 'Thunbergii' soll härter als die Art sein. Im Gegensatz zu *Campsis radicans* sind die Blätter bei *Campsis grandiflora* unterseits kahl und die Achsen oft ohne Haftwurzeln. Die großblütige Hybride der beiden Arten, *Campsis* x *tagliabuana*, steht in ihren Merkmalen zwischen den Eltern und wird meist in der Sorte 'Mme. Galen' angeboten

Celastrus orbiculatus

Baumwürger, Celastraceae

Aus dem griechischen »kelastros« = immergrüner Baum. Ein laubwerfender, stark verholzender Schlinger, der bis 14 m Höhe erreichen kann und in Ostasien zuhause ist. Er wurde seit 1870 aus Saatgut verbreitet, das aus seiner Heimat nach Kew Gardens in London geschickt wurde. Es gibt männliche und weibliche Pflanzen, so daß die attraktiven Früchte nur erzielt werden können, wenn beide Geschlechter gepflanzt werden. Eine zwittrige Form ist in England seit 1958 im Handel, die bei uns nur gelegentlich angeboten wird. Die kleinen runden Blätter sind am Rand gezähnt. Im Sommer erscheinen die unscheinbaren grünen Blüten, die in Gruppen stehen. Die zunächst grünen Früchte reifen im Herbst orange heran, öffnen sich und locken mit roten Samen vor der gelben Fruchtinnenwand.

Die Baumwürger (im Bild *Celastrus scandens*) schmükken sich im Spätsommer mit orangeroten Früchten.

Ähnlich aber seltener zu sehen ist die amerikanische *Celastrus scandens*, deren scharlachrote Samen vor orangefarbenem Hintergrund präsentiert werden. Sie bildet Ausläufer, was man bei der Pflanzung berücksichtigen muß. Die Arten sind frosthart und schattenverträglich. Obwohl sie nur geringe Ansprüche an den Boden stellen, werden sie durch regelmäßige Düngung stark gefördert. Rückschnitt erfolgt im Frühjahr vor dem Austrieb. Die Vermehrung kann durch Samen oder Sommerstecklinge geschehen. Aussaat gleich nach der Ernte im Herbst.

Clematis

Waldreben, Ranunculaceae

Vom griechischen »klema«, was soviel wie Zweig oder Ranke bedeutet. Die Gattung umfaßt etwa 250 immergrüne und laubwerfende Arten und noch einmal ebensoviel Sorten und Hybriden. *Clematis* gehören zu den attraktivsten Kletterpflanzen überhaupt und mit ihren Arten kann man die gesamte Vegetationsperiode von März bis Oktober hindurch eine Blüte nach der anderen erzielen. *Clematis* – Blüten bieten ihren Bestäubern Nektar und Pollen an. Die meisten Wildarten haben nickende, glockenförmige Blüten mit 4 Blütenblättern (Petalen). Die großblütigen Kultursorten besitzen dagegen flach ausgebreitete Blüten mit 4 bis 6 Petalen. Die Blütenfarben variieren in weiß, rot, blau und gelb. Die *Clematis*-Hybriden können Blüten mit einem Durchmesser bis zu 20 cm tragen und glänzen mit einem breiten Spektrum von rosa bis blau. Die Wildarten besitzen kleinere Blüten in den Farben weiß, blau und gelb, sind oft wüchsiger und unempfindlicher. Die Blüten vieler Hybriden verbleichen rasch an der Sonne, so daß für sie ein eher halbschattiger Standort gewählt werden sollte. Die weißen und gelben Wildarten sind in dieser Hinsicht unempfindlich und auch für sonnige Südlagen geeignet. Die *Clematis*-Welke, eine Pilzkrankheit, wird durch Verletzungen der unteren Achsen, z.B. beim Pflanzen oder Graben, gefördert. Die Pflanzen werden innerhalb eines Tages schwarz und vertrocknen. Die Wildarten sind unempfindlicher als die Hybriden.

Alle *Clematis* wollen mit den Füßen im Schatten und mit dem Kopf in der Sonne stehen. Eine Mulchdecke ist ganzjährig zu empfehlen. Sie kann aus Rindenhumus, Rasenschnitt oder Kompost bestehen. Der Boden sollte einem humusreichen Waldboden entsprechen, d.h. ein krümeliger, neutral bis schwach saurer, gut nährstoffversorgter Gartenboden sein. Sowohl Staunässe als auch Bodenaustrocknung sind unbedingt zu vermeiden. Daher eignen sich weder Pflanzplätze im Tropfbereich der Dachtraufen noch Mauerfüße am Haus, die zu schnell austrocknen. Ideal sind West- und Ostseiten, bei entsprechender Bodenvorbereitung und Pflanzenauswahl auch Südseiten, wenig geeignet sind Nordseiten, die nur spärliche Blüten hervorbringen. Waldreben tragen gegenständige, geteilte oder ungeteilte Blätter und sind Blattstielranker, die eine Kletterhilfe an glatten Hauswänden benötigen. Besonders die Wildarten sind starkwüchsige Wucherer, die gern in Büsche und Bäume hineinwachsen. Pflanzung ist im Herbst und Frühling möglich, dank der Containerkultur auch im Sommer, wo dann allerdings auf ausreichende Bewässerung geachtet werden muß. Auch ältere Pflanzen sind für häufige Wassergaben während der heißen Jahreszeit dankbar. Die Düngung kann organisch oder mineralisch erfolgen. Zu empfehlen ist eine Düngergabe vor dem Austrieb im Frühling und eine im Juni. Zumindest rasch wirkende Stickstoffdünger sollten danach nicht mehr gegeben werden, um Frostschäden an späten Neutrieben zu vermeiden.

Waldreben wachsen ihrer Natur folgend steil nach oben. Bereits bei der Pflanzung sollten wir darauf achten, die jungen Triebe seitlich etwas zu verteilen. Ein vorsichtiges Einkürzen kann zu der gewünschten, reicheren Verzweigung führen. Ältere *Clematis* neigen zu einer gewissen Kopflastigkeit, während sie unten herum zunehmend verkahlen. Diesem Prozeß können wir durch Formieren und Rückschnitt begegnen. Dabei wird, wie unten beschrieben, je nach Art im Vorfrühling oder nach der Blüte kräftig zurückgeschnitten und einige Achsen werden seitlich gebogen und am Spalier befestigt, um eine größere Breite der Waldrebe zu erzielen. Gleichzeitig können wir durch Absenker nach links und rechts von der Hauptachse den Austrieb der Pflanze von unten her verbreitern.

Der Rückschnitt von *Clematis* wird artgerecht durchgeführt: Frühlingsblüher werden nur bei Raumbedarf unmittelbar nach der Blüte geschnitten. Die vor Juni blühenden großblumigen Sorten werden im Spätwinter vom toten Holz befreit und bis auf die ersten, bereits knospenden Knoten zurückgeschnitten. Alle spätblühenden Waldreben erhalten ebenfalls im Spätwinter einen Verjüngungsschnitt nach Bedarf.Vermehrung durch Frühsommerstecklinge, Absenker, bei einigen Arten

Steckholz oder aus Samen, die im Herbst ausgesät werden.

Bei den heutigen günstigen Preisen von 10 bis 20 DM für *Clematis*-Pflanzen wird für den Hobbygärtner meist der Kauf einer wenigstens zweijährigen Pflanze am Stab anzuraten sein. Von der fast unüberschaubaren Zahl an *Clematis* ist im folgenden eine Auswahl schöner, bewährter und leicht erhältlicher Arten und Sorten genannt. Bezugsquellen sind am Ende des Buches im Bezugsquellenverzeichnis angegeben.

C. alpina (Alpenwaldrebe) gehört zu den frühblühenden Waldreben mit einzelnen, am vorjährigen Holz stehenden, laternenartigen blauen Blüten, die im Sommer als silbrig, fedrige Samenbüschel Schmuckwert besitzen. Eine anspruchslose, 2 bis 3 m Höhe erreichende Art, die völlig frosthart ist und sich auch noch für exponierte Nordwestlagen eignet. Durch ihre bereits ab März-April erscheinenden Blüten unentbehrlich für den *Clematis*-Fan. Auch für die Berankung von immergrünen Gehölzen und zusammen mit später blühenden Waldreben geeignet. Die Sorte 'Ruby' bereichert durch rosa bis purpurne Farben, 'Burford White' durch Reinweiß, 'Columbine' durch lavendelblau und 'White Moon' durch reinweiße, gefüllte Blüten. Schnitt: Nur bei Platzbedarf nach der Blüte. Heimat: Eurasien von den Alpen bis Sibirien. Seit 1792 in Gartenkultur.

C. armandii (Armands Waldrebe), eine immergrüne Waldrebe, die in Deutschland nur in wintermilden Gebieten in geschützter Lage ausprobiert werden sollte. Sagt ihr der Standort zu, so wächst sie bis 5 m Höhe heran und blüht weiß ab April in achselständigen Trugdolden am alten Holz. Die derben und glänzendgrünen Blätter bieten einen wunderbaren Hintergrund für die hellen, duftenden Blüten, müssen aber in exponierten Lagen gegen Wintersonne geschützt werden. Empfehlenswerte Sorten sind 'Apple Blossom' mit bronzegrünem Laub und die besonders großblütige 'Snowdrift'. Schnitt: Nur bei Platzbedarf nach der Blüte. Heimat: China.

Die Alpenwaldrebe (*Clematis alpina*) entfaltet ihre blauen Blüten bereits im März.

C. 'Ernest Markham' blüht oft erst im Spätsommer bis zum ersten Frost. Die großblütige Hybride aus der Jackmannii/Viticella-Verwandtschaft schmückt sich mit pinkfarbenen, bis zu 15 cm großen, samtigen Blüten in großer Zahl. Ihre Blätter sind dreizählig und grob gelappt. Sie hat einen hohen Zierwert, gilt aber als etwas krankheitsanfällig. Sie wächst etwa 3 m hoch. Schnitt nur bei Bedarf von Februar-März. 'Ernest Markham' entstand in der englischen Baumschule Jackman vor 1836.

C. 'Etoile de Malicorne' gehört zu den großblumigen Hybriden und trägt 12 bis 14 cm breite, hellviolette Blüten, deren Petalen mit einem purpurfarbenen Mittelstreifen geschmückt sind. Sie erscheinen von Mai bis Juni. Die Blätter sind einzeln oder dreizählig gefiedert. Die Pflanzen sind wüchsig (etwa 4 m hoch) aber nicht ausufernd, so daß nur bei Bedarf geschnitten werden muß. Ein Rückschnitt geschieht unmittelbar nach der Blüte. 'Etoile de Malicorne' entstand in der Baumschule Girault in Frankreich vor 1968.

C. fargesii (Farges Waldrebe) ist eine besonders attraktive Wildart, deren zahlreiche weiße Blüten bis zu zehn Wochen an der Pflanze bleiben. Die Blütenblätter sind gelblichweiß mit gelben Staubblät-

Farges Waldrebe (*Clematis fargesii*) ist eine weniger bekannte, aber besonders attraktive Wildart, die im Spätsommer blüht.

tern. Sie erscheinen von Juni bis September. Farges Waldrebe wächst bis 6 m hoch und besitzt doppelt gefiederte Blätter. Schnitt im Februar-März. Die Pflanze wurde 1911 aus China eingeführt.

C. florida (Reichblütige Waldrebe) wird als Art in Mitteleuropa nicht kultiviert, da ihre Frosthärte ungenügend ist. Geeigneter für die wintermilderen Gebiete Deutschlands ist die Sorte 'Sieboldii'. Sie trägt in der Mitte ihrer 6 bis 8 cm breiten, schneeweißen Blüten eine Vielzahl purpurfarbener Staminodien, die ihr einen besonders exotischen Reiz verleihen. Die Blüten erscheinen ab Juni am vorjährigen Holz. Der Schnitt beschränkt sich auf das Entfernen abgestorbener Achsen nach der Blüte. Die Reichblütige Waldrebe wächst etwa 4 m hoch und verlangt einen geschützten Standort im Garten. Die Sorte 'Sieboldii' wurde durch von Siebold um 1836 aus Japan nach Europa gebracht.

C. 'Hagley Hybrid' bezaubert als malvenfarbige Hybride, deren bis zu 10 cm große Blüten an den diesjährigen Achsen ab Juli erscheinen. Sie besitzt 6 Blütenblätter und rote Antheren (Staubbeutel). Die Blätter sind dreizählig gefiedert. 'Hagley Hybrid' ist eine gutwüchsige Waldrebe bis 2,5 m Länge, die etwas Halbschatten bevorzugt. Verjüngungsschnitt im Ferbruar-März. Entstanden in England 1956.

C. 'Jackmannii' ist die bekannteste blaue Sorte, die um 1860 in der englischen Baumschule Jackman entstanden ist. Eine frostharte, bis 3 m hohe, wüchsige *Clematis*, die mit ihren 8 bis 10 cm großen, in Massen an den diesjährigen Achsen erscheinenden purpurblauen Blüten unerreicht ist. Die Blätter sind dunkelgrün, schwach behaart und mehrfach gefiedert. *C.* × jackmannii war die erste der großblumigen Hybriden und ist aus *C. viticella* 'Atrorubens', *C. lanuginosa* und *C.* × *eriostemum* 'Hendersonii' hervorgegangen. Sie eignet sich für alle Verwendungszwecke, kann jährlich im Februar-März stark zurückgeschnitten werden und blüht oft bis in den Oktober hinein.

C. 'Madame Le Coultre' ist eine der wuchskräftigsten und schönblütigsten Waldreben unter den weißblumigen Sorten. Die reinweißen Blüten tragen gelbe Staubblätter und werden bis 17 cm groß. Sie erscheinen ab Juni. Die Blätter sind herzförmig. Schnitt: Nur bei überalternden Pflanzen nach der sommerlichen Hauptblüte. Vor 1890 bei Grootendorst in Holland entstanden.

C. macropetala (Großblütige Alpenwaldrebe), in Erscheinung und Verwendung ähnlich wie *C. alpina*. Sie trägt blaue, glokkige, einzeln stehende Blüten am vorjährigen Holz. Die Blüten wirken durch zahlreiche Staminodien leicht gefüllt. Die Blätter sind meist doppelt dreizählig gefiedert mit 9 eiförmigen, gesägten Blättchen. Die relativ schwachwüchsige Art bevorzugt Süd- und Südwestlagen und blüht von Mai bis Juni. Wie *C. alpina* ist sie auch für den Steingarten geeignet. Mit letzterer bildet sie auch Hybriden, z.B. die schwarzblaue 'Blue Bird' und die rosafarbene 'Rosy O'Grady'. Ebenfalls rosa ist die Sorte 'Markhams Pink'. Schnitt: Bei Platzbedarf nach der Blüte. Heimat: Ostasien. 1912 von

William Purdom der Baumschule Veitch übergeben.

C. montana (Bergwaldrebe, Anemonenwaldrebe) und ihre Sorten sind starke Kletterer (8 bis 12 m) , mit denen ganze Gebäude und Gehölzgruppen begrünt werden können. Sie besitzen kleine, flache Blüten an vorjährigen Achsen, die im Frühling in Massen erscheinen. Die Blätter sind durchgehend dreizählig gefiedert und schwach gesägt. Die Art ist weißblütig mit gelben Staubblättern, viel häufiger wird man aber die rosafarbene Varietät 'Rubens' antreffen. Empfehlenswert ist ihre tiefrosa Auslese 'Pink Perfection', die weiße Sorte 'Alexander' und die lilarosa 'Tetrarosa'. Während die meisten *Clematis* wenig duften, bieten *C. montana* und Ihre Sorten auch etwas für die Nase, z.B. 'Odorata' mit weißen Blüten, die stark süßlich duften. Schnitt: Bei Platzbedarf nach der Blüte. Heimat: Chinesischer Himalaja, 1831 nach Europa eingeführt.

C. orientalis (Orientalische Waldrebe) und ihre Sorten tragen die schönsten gelben Blüten. Sie sind klein bis mittelgroß, laternenartig aufgehängt mit zurückgekrümmten Petalen und erscheinen in großer Zahl ab August an den jungen Achsen. Eine empfehlenswerte Sorte ist die hellgelbe 'Bravo'. Die Orientalischen Waldreben besitzen besonders zierliche, dreiteilig gefiederte Blätter und blühen bis in den Herbst hinein. Schnitt: Falls erforderlich Verjüngungsschnitt im Februar-März. Heimat: Südosteuropa bis Nordchina.

C. recta (Aufrechte Waldrebe), eine ausdauernde Staude, wird nur 1 bis 2 m hoch, klettert nicht selbst, sondern wird an Stökken aufgebunden. Ihre fünf bis siebenteilig gefiederten blaugrünen Blätter bieten den weißen, in Rispen stehenden Blüten einen schönen Hintergrund. Die Blüten duften und erscheinen von Mai bis Juni. Die Aufrechte Waldrebe kann wie eine Staude im Beet oder an Gehölzrändern gepflanzt werden, wo sie viele Jahre in Gruppen wächst. Empfehlenswerte Sorten sind 'Grandiflora' mit größeren Blüten und 'Purpurea' mit bronzegrünem Laub. Heimat: Europa und Asien.

C. 'Rouge Cardinal' besitzt samtige, dunkelrote Blüten, die 12–16 cm groß werden. Ihre Blätter sind einzeln oder dreizählig gefiedert. Sie gilt als eine der besten neueren Sorten und ist bei Girault in Frankreich vor 1968 entstanden.

C. 'Nelly Moser' Eine der schönsten und bekanntesten großblumigen Hybriden. Die Blüten sind bis 18 cm breit und bestehen aus 8 Blütenblättern, die nur wenig überlappen. Leider bleicht die rosa Zeichnung auf den weißen Blütenblättern bei Sonne bald nach dem Aufblühen aus, so daß eine halbschattige Pflanzung anzuraten ist. 'Nelly Moser' trägt kleine, dreizählig gefiederte Blätter. Schnitt: Im Februar-März auf knospende Knoten zurück. In Frankreich bei Moser 1897 entstanden.

C. tangutica (Mongolische Waldrebe) trägt an diesjährigen Achsen einzeln die glockenartigen, gelben Blüten von Juni bis Oktober. Ihre Blätter sind einfach und doppelt gefiedert und randlich schwach gesägt. Die Mongolische Waldrebe gehört zu

Die gelben Blüten der Mongolischen Waldrebe (*Clematis tangutica*, hier die Sorte 'Bill McKenzie') erscheinen vom Juni bis zum ersten Frost.

den anspruchslosesten Vertretern ihrer Gattung, läßt aber hinsichtlich Wuchskraft, Gesundheit, Frosthärte und Reichblütigkeit keine Wünsche offen. Sie ist ein Dauerblüher und wirkt besonders attraktiv durch das Nebeneinander der leuchtend gelben Blüten mit den silbrigglänzenden Fruchtständen. Sie verträgt sonnige, exponierte Südseiten, wo sie zu besonderem Blütenreichtum gelangt. Sie verbreitet sich selbständig im Garten, wo sie auf kiesigen Wegen, im Steingarten und in Pflasterfugen aufkeimt. Wertvolle Sorten sind 'Aureolin' mit größeren Blüten und die noch reichblütigere 'Gravetye'. 'Bill MacKenzie' ist wahrscheinlich eine Hybride aus Unterarten der Mongolischen Waldrebe. Sie ist besonders hochwüchsig (bis 7 m) und trägt 6 bis 7 cm breite gelbe Blüten, die im Spätsommer zu fedrigen, silberglänzenden Fruchtständen werden. 'Corry' ist eine schöne Hybride von *C. tangutica* ssp. *obtusiuscula* mit *C. tibetana* ssp. *vernayi.* Schnitt: Verjüngungsschnitt im Februar-März. Heimat: Mongolei und China. 1890 nach Europa eingeführt.

C. 'The President' ist eine großblumige Sorte, die im Frühsommer zahlreiche violettblaue Blüten mit unterseits silbriger Behaarung trägt. Sie sitzen an den diesjährigen Achsen, sind bis 18 cm breit, bestehen aus 6 bis 8 Blütenblättern und roten Staubblättern. Nachblüten im September sind nicht selten. Die dunkelgrünen, dreiteilig gefiederten Blätter sind in der Jugend bronzefarbig überlaufen. Schnitt: Im Ferbuar bis März auf die stärksten Knospen zurückschneiden. Entstanden in England vor 1877.

'The President' ist eine großblumige, frühsommerblühende *Clematis*-Hybride

C. 'Ville de Lyon' besitzt karminrote Blüten. Sie erscheinen ab Juni an jungen Achsen und erreichen einen Durchmesser von 10 cm. Die Staubblätter sind gelb und von 6 Petalen umgeben. Blätter einzeln oder dreizählig gefiedert. Eine alte französische Sorte, die wegen ihrer Reichblütigkeit und Unempfindlichkeit geschätzt wird. Nur bei Bedarf im Februar bis März schneiden. Entstanden in Frankreich 1899.

C. vitalba (Gemeine Waldrebe), die einheimische Waldrebe, erreicht weniger durch ihre kleinen cremeweißen Blüten einen gewissen Schmuckwert als vielmehr durch ihre silberglänzenden Fruchtstände, die in großer Zahl an den Achsenenden ab August erscheinen. *C. vitalba* klettert rasch bis 10 m hoch, ist langlebig und bildet mit der Zeit armdicke holzige Lianen. Sie kann ganze Waldränder schleierartig überwuchern und sollte deshalb nur bei ausreichendem Platz im Garten gepflanzt werden. Die Blüten duften etwas herb, tragen 4 Petalen und stehen in vielblütigen Rispen. Die Blätter sind gefiedert und tragen 5 Blättchen. Die Pflanzen sind unempfindlich gegenüber Luftverschmutzung und bieten Insekten und Vögeln gleichermaßen Schutz und Nahrung. Schnitt: Nach Platzbedarf Rückschnitt im Februar bis März. Heimat: Europa bis Kaukasus.

C. viticella (Italienische Waldrebe) ist eine zierliche Waldrebe, die bereits seit dem 16. Jahrhundert kultiviert wird. Die Wildart besitzt gefiederte Blätter mit 5 bis 7 Fiederblättchen. Ihre Blüten sind purpurviolett, lang gestielt und besitzen 4 Blütenblätter. Durch Kreuzungen mit ostasiatischen Arten ist sie an zahlreichen Gartenformen beteiligt, die den großblumigen Hybriden ähneln. Eher Wildcharakter haben die reinweiße 'Albiflora', die gefüllte, kräftig rosarote 'Purpurea Elegans' und die alte, aber unübertroffene, weinrote 'Rubra'. Rosarot mit 6 Blütenblättern ist 'Kermesina'. Empfehlenswerte, großblütige Sorten sind die rot überlaufene, cremeweiße 'Huldine', die samtig purpurfarbene 'Etoile Violett' und die tiefviolette, weiß geaderte 'Venosa Violacea'. Die italienischen Waldreben klettern bis 4 m hoch. Rückschnitt im Februar-März. Heimat: Südeuropa und Südwestasien.

C. 'Vyvyan Pennell' trägt gefüllte, violettblaue Blüten, die von Mai bis Juni erscheinen. Eine etwas hellere Nachblüte im August ist nicht selten. Die gelben Staubblätter kontrastieren reizvoll zu den blauen Petalen.

Die großen Blätter sind herzförmig und ungeteilt. Die Sorte gilt als beste der gefüllten Waldreben. Sie wächst etwa 3 m hoch und wird nur nach Bedarf im Anschluß an die Frühsommerblüte geschnitten. 'Vyvyan Pennell' wurde 1959 vom englischen Züchter Pennell ausgelesen.

Cotoneaster dammeri var. radicans

Teppichzwergmispel, Rosaceae

Vom lateinischen »cotoneus« = Quitte abgeleitet. Die Endung »-aster« wird vergröbernd verstanden und bezeichnet eine im Vergleich zur Quitte bescheidener fruchtende, aber nahe verwandte Pflanze. Die Zwergmispeln sind sommer- und immergrüne Gehölze, die strauch- und baumförmig wachsen können. Von den etwa 50 Arten der gemäßigten Zonen sind uns neben den 3 einheimischen vorwiegend die in Anlagen und Gärten gepflanzten asiatischen Vertreter in zahlreichen Sorten bekannt. *Cotoneaster* ist der Bodendecker in Parks und öffentlichen Anlagen schlechthin. Wegen ihrer einfallslosen Massenverwendung stehen ihr viele Pflanzenfreunde heute ablehnend gegenüber. Bei richtiger Verwendung sind die Zwergmispeln aber wertvolle Gartengehölze, die mit ihrem dauerhaften Grün, den attraktiven Blüten und Früchten gezielt an Hauswänden, Trockenmauern, im Steingarten und unter Bäumen eingesetzt werden können. Durch die bereitwillige Bewurzelung ihrer Triebe können einige Arten sogar als Kletterpflanzen für besondere Situationen eingesetzt werden. Die Teppichzwergmispel trägt im Frühling zahlreiche kleine weiße Blüten, die an Kirsch- oder Schlehenblüten erinnern. Sie werden gern von Bienen besucht. Aus den Blüten entwickelt sich eine rote 0,5 cm dicke Apfelfrucht, die durch ihr zahlreiches Auftreten wesentlich zum Schmuck der Zwergmispel beiträgt. Die Blätter sind 1,5 bis 3 cm lang, ungeteilt und derb. Die Varietät 'Streib's Findling' ist eine langsamwüchsige, weit kriechende und wurzelnde Form, die sich besonders zur Begrünung kleiner Flächen, im Steingarten und an Findlingen eignet. Sie vermag in den Rissen von Steinen und Mauern zu wurzeln und wächst pro Jahr nur 8 bis 10 cm in die Höhe. Ein Rückschnitt braucht bei dieser Schwachwüchsigkeit wohl kaum durchgeführt werden, wenn überhaupt reicht ein gelegentliches Einkürzen der Triebspitzen. Die Vermehrung der Sorten wie 'Streib's Findling' geschieht durch Stecklinge, Ablegen und Absenken und ist den ganzen Sommer über möglich.

Die Sorten der Italienischen Waldreben (hier *Clematis viticella* 'Rubra') gelten als besonders robust.

Cymbalaria muralis

(syn. *Linaria cymbalaria*) Zimbelkraut, Scrophulariaceae

Der Gattungsname leitet sich aus dem lateinischen »cymbalis« = Frauennabel ab, was Bezug auf die nabelartige, rundlich vertiefte Blattform der Pflanze nimmt. Das Zimbelkraut ist ein Wurzelkletterer, der in den meisten mitteleuropäischen Wintern grün bleibt. Die zarte Pflanze ist raschwüchsig und kann eine Trockenmauer in wenigen Jahren netzartig überspinnen. Sie trägt etwa 8 mm lange, hellviolette Rachenblüten mit gelben Gaumen, die den Betrachter an Löwenmäulchen erinnern, in deren Verwandtschaft sie auch gehören. Sie erscheinen unermüdlich vom Frühling bis zum Frost. Die rundlich nierenförmigen Blätter haben eine violette Unterseite. Das Zimbelkraut wächst gleichermaßen gut in Sonne und Schatten und klettert ohne Hilfe hervorragend im Steingarten, an Findlingen, Mauern und sogar verklinkerten Hauswänden, sofern die Fugen nicht geschlossen wurden. Zusammen mit Farnen in den Fugen an feuchten Nordmauern gepflanzt, ergeben sich schöne Vegetationsbilder. Es ist eine Kletterpflanze, die ihre Schönheit erst bei näherer Betrachtung offenbart und die eher in den Naturgarten paßt. Sie ist leicht über Samen aber auch durch Abtrennen und Eintopfen ihrer reich bewurzelten Triebe zu vermehren. Sie kann jederzeit nach Bedarf zurückgeschnitten werden. Die Art ist eingebürgert in Deutschland und stammt ursprünglich aus dem italienisch-französischen Mittelmeerraum.

Das Zimbelkraut (*Cymbalaria muralis*) wächst in den kleinsten Fugen.

Euonymus fortunei

Kletterspindelstrauch, Celastraceae

Aus den griechischen Wörtern »eu« und »onoma« gebildeter Gattungsname, der mit unheilbringend am besten übersetzt werden kann, da die Gattung viele übelriechende und giftfrüchtige Arten umfaßt. Ein immergrüner Wurzelkletterer, der selbständig an Bäumen und Mauern klettert und je nach Sorte 1 bis 5 m Höhe erreicht. Die Blüten sind unauffällig grünweiß, die Blätter elliptisch mit gesägtem Blattgrund. Die Früchte sind auffälliger als die Blüten und bestehen aus den Samen, die von einem orangefarbenen Samenmantel umgeben werden. Sie sind ungenießbar. Eine vielgestaltige Art mit zahlreichen Kultursorten, die sich für Sonne und Schatten gleichgut eignen. Die Winterhärte der bei uns erhältlichen Sorten ist ausreichend. Gut klettert *E. fortunei* var. *radicans*, weniger gut die Sorte 'Coloratus', die dafür eine schöne Purpurfärbung im Herbst zeigt. 'Gracilis' (auch 'Variegatus' genannt) besitzt 2 bis 3 cm kleine, weißrandige, 'Emerald'n Gold' gelbgerandete Blätter. Einen gelben Fleck in der Mitte der Blattspreite trägt 'Sunspot'. Die kleinsten Blätter von 0,5 bis 1 cm hat 'Minimus'. Sparrig wächst 'Vegetus', die als Spalierpflanze, Bodendecker und im Steingarten gleichermaßen geeignet ist. Ähnlich ist 'Dart's Carpet', die wie 'Dart's Blanket' und 'Dart's Ideal' als Bodendekker zu empfehlen ist. Vermehrung durch Sommerstecklinge. Heimat: China und Japan. Seit 1860 nach Europa eingeführt.

Fallopia aubertii

(*syn. Polygonum aubertii, Bilderdykia aubertii*) Schlingknöterich, Chinesischer Knöterich, Polygonaceae

Aus dem griechischen »polygonos« = vielsamig abgeleitet. Ein laubwerfender, schwach verholzender Schlinger, der zu den starkwüchsigsten Kletterpflanzen überhaupt gehört und dessen Verwendung besonders gut bedacht werden muß. Seine Triebe können pro Jahr bis 8 m lang wuchern. Die breiten, herzförmigen Blätter sitzen an Achsen, die im Spätsommer weiße Rispen mit kleinen Blüten tragen, die sich beim Verblühen rosa färben. Von ähnlicher Farbe sind die gewinkelten Früchte. Die Blüten werden gern von Insekten besucht. Der Schlingknöterich stellt nur geringe Bodenansprüche und wächst in Sonne und Schatten gleichermaßen gut. Er ist völlig frosthart. Als Kletterhilfe sind alle stabilen Konstruktionen geeignet. Dank seiner Wuchskraft vermag er große Abstände zwischen Spanndrähten sicher zu begrünen. Wenn die Drähte zu dünn sind, droht Schaden durch ihr Einschneiden in die dicker werdenden Knöterichachsen. Problematisch kann er auf Hausdächern werden, wo er schnell Ziegel anhebt und in Bodenräume wächst. Vermehrung durch Sommerstecklinge oder Steckhölzer im Winter. Heimat: Westchina. Im 19. Jahrhundert in Europa verbreitet.

Hedera

Efeu, Araliaceae

Der Name *Hedera* läßt sich auf das indogermanische »ghed« = umklammern zurückführen und bezeichnete bereits bei den Römern die Efeupflanze. Obwohl die Blüten auffällig sind, wird der Efeu zu allererst wegen seiner Vielfalt der Blattformen und Farben kultiviert. Bereits Plinius (23–79 n.Chr.) beschreibt in seiner »Historia Naturalis« panaschierte Efeusorten. Allerdings sind längst nicht alle Kultursorten gute Kletterer. Neuere Untersuchungen der Lehr- und Versuchsanstalt in Kassel bescheinigen den Varietäten 'Digitata Hesse' und 'Emerald Gem' die besten Klettereigenschaften, gefolgt von 'Donerailensis', 'Goldheart', 'Thorndale' und 'Modern Times'. Weniger gut aber noch verwendbar als Kletterpflanzen werden 'Woerneri', 'Minima' und 'Deltoides' bewertet. Die Blüten erscheinen erst spät an älteren Pflanzen, die zum vertikalen Wuchs übergegangen sind und bei genügend Licht die ungelappte Altersform der Blätter zeigen. Nur solche alten Triebe entwickeln auch Blüten, die sich ab September öffnen. Sie stehen in doppelten Dolden und werden massenhaft von Insekten beflogen. Aus ihnen werden zahlreiche schwarze Beeren, die gern von Vögeln gefressen werden. Stecklinge von den blühfähigen Trieben entwickeln sich zu aufrecht wachsenden, nicht kletternden immergrünen Sträuchern, die den Sortennamen 'Arborescens' bekommen haben. Kaum eine andere Kletterpflanze ist so populär wie der Efeu und tritt in einer so großen Zahl an Arten und Varietäten auf. Zu ihrem Gartenwert trägt bei, daß alle Efeus immergrün sind, selbstkletternd mit Haftwurzeln und in Sonne und Schatten gut gedeihen. Der Boden sollte humos, gut gedüngt und erdfeucht sein. Wir unterscheiden je nach Auffassung 6 bis15 Arten von den Kanaren bis Ostasien, die nicht alle frosthart sind. Die Vermehrung geschieht durch Stecklinge oder durch kreisförmig dem Substrat im Topf aufgelegte und fixierte Triebe, die an den Knoten neue Wurzeln bilden.

Hedera colchica (Kolchischer Efeu) ist eine dekorative Art vom Ostrand des Schwarzen Meeres und die einzige neben *Hedera helix*, deren Frosthärte einen Pflanzungsversuch in Mitteleuropa sinnvoll erscheinen läßt. Erst bei Temperaturen unter –20 °C wurden in Deutschland Frostschäden an Blatt und Holz beobachtet. Der Kolchische Efeu wird seit 1851 in Europa verbreitet. Die nichtblühenden, wurzeltreibenden Sprosse tragen bis 25 cm große, breit-eiförmige, wenig gelappte Blätter. Beim Zerreiben entsteht ein charakteristischer Harzgeruch. Eine gelbbunte Sorte mit sehr großen, etwas eingerollten Blättern und guten Klettereigenschaften ist 'Dentata Variegata', die 1908 in England ausgelesen wurde. Aus ihr ging 'Sulphur Heart' hervor, deren Spreitenmitte grüngelb verfärbt ist.

Hedera helix (Gemeiner Efeu), die einheimische Art, kommt in Unterarten und zahlreichen Kulturvarietäten vor. Sie kann, je nach Sorte, 10 bis 25 m hoch klettern. Einige Sorten wie 'Atropurpurea', 'Digitata Hesse' und die helladrige 'Woerner' verfärben sich im Winter rötlich, sind robust und gute Kletterer. Ähnliche Braunrottöne zeigt auch 'Donairalensis', die ausgeprägte dreilappige Blätter besitzt. Auffällig gefärbt ist 'Goldherz' mit goldener Spreitenmitte bei dunkelgrünem Blattrand. Einen weißen Rand bei grüner Blattmitte kennzeichnet 'Silbermöwe'. Etwas schwächer wüchsig aber noch für Berankungen bis 3 m Höhe geeignet ist 'Walthamensis' eine alte englische Sorte mit abgerundeten Blattlappen und dunkelgrün glänzender Färbung. Die Winterhärte der genannten Sorten ist in allen Gebieten Deutschlands ausreichend. Kälteschäden sind nur in Verbindung mit Sonnenschein durch Frosttrocknis an Blättern und Trieben zu erwarten. Dies gilt nicht für die Zimmerefeus, die nur wenig Frost vertragen können.

Hedera hibernica (Atlantikefeu) wird als eigene Art gesehen und ist im atlantischen Küstenklima Westeuropas zuhause und deshalb von geringerer Winterhärte als der Gemeine Efeu. Allerdings hält sie in den meisten Regionen Mitteleuropas zuverlässig aus. In der Regel wird sie in der gleichnamigen Sorte 'Hibernica' angebo-

Die gelbbunten Sorten des Kolchischen Efeus (*Hedera colchica*) lassen die Sonne auch an trüben Tagen scheinen.

ten. Ihre Blätter sind frischgrün, matt und fünflappig. Sie können einen Durchmesser bis 14 cm erreichen. Eine empfehlenswerte Wildform aus Spanien ist 'Grünpfeil' mit sattgrünen Blättern und heller Aderung. Unregelmäßige graugrüne Fleckung und ein fahlgelber Blattrand sind typisch für 'Sulphurea', die größeren Flächen im Schatten einen silbergrauen Schimmer verleiht.

Humulus lupulus

Gemeiner Hopfen, Moraceae

Der latinisierte Gattungsname stammt vom altnordischen »humle« = Hopfen ab. Hopfen ist ein wichtiger Aromalieferant des Bieres. Der Gemeine Hopfen ist ein ausdauernder Schlinger mit auffallend rauhhaarigen Achsen, dessen weibliche und männliche Blüten an unterschiedlichen Pflanzen stehen. Die grünlichen männlichen Blüten wachsen in Rispen und haben gelbe Staubbeutel. Windbestäubung herrscht vor, so daß keine auffälligen Schauapparate gebildet wurden. Die weiblichen Blüten entwickeln sich ab Juli an Scheinähren zu den zapfenartigen, hängenden Hopfenfruchtständen. Sie enthalten kleine, einsamige Nüsse, die allerdings für die Aromabildung unbedeutend sind. Die Hopfenwürze stammt aus den ätherischen Ölen und Harzen, die in den Drüsenhaaren der Fruchtstandblätter konzentriert sind. Sie wirken beruhigend, antibiotisch und verleihen dem Bier seinen Geschmack. Im Spätsommer werden die ausgewachsenen Fruchtstände durch Abreißen von den Hopfenbauern geerntet. Die Blätter sind gegenständig, mit herzförmigem Blattgrund und drei- bis fünflappig. Die einheimische Art besiedelt Auwälder und Erlenbrüche und liebt deshalb feuchte und halbschattige Plätze im Garten, hält aber auch in der vollen Sonne aus. Dort schlingt er an Spanndrähten und Spalieren bis 10 m hoch. Die Vermehrung erfolgt durch Stecklinge im Frühling. Die Sorte 'Aureus' ist gelbgrün und sieht gegenüber dem satten Dunkelgrün der Art etwas kränklich aus. Empfehlenswert an Sichtschutzwänden und Balkonen ist der einjährige *Humulus scandens.* Der Japanische Hopfen ist in China, Taiwan und Japan zu Hause. Er wird ab Februar unter Glas vorgezogen und im Mai ausgepflanzt oder an Ort und Stelle gesät. Seine Raschwüchsigkeit lassen ihn bis zum Herbst 3 bis 4 m hoch wachsen. Er kommt auf sandigen und lehmigen Böden gleichermaßen gut zurecht.

Hydrangea petiolaris

(syn. *Hydrangea anomala* ssp. *petiolaris*)
Kletterhortensie, Hydrangeaceae

Der Gattungsname setzt sich aus den griechischen Wörtern »hydatos« = Wasser und »aggaion« = Gefäß zusammen, denn die Pflanzen wachsen gern am Wasser und haben schalenartige Fruchtkapseln. Ihre natürliche Nähe zum Wasser sollten wir bei der Standortwahl berücksichtigen und bevorzugt feuchte Nord- oder Westseiten wählen. Die Pflanze ist ein Wurzelkletterer, der über 10 m hoch werden kann. Sie ist selbstkletternd aber zur besseren Sicherung und Führung an Hauswänden sollte man ein starkes Klettergerüst vorbereiten. Auch freistehend, ohne Kletterhilfe, entwickelt sie sich zu einem buschartigen Gewächs von 2 m Höhe. Ältere Achsen besitzen eine auffällig grob abblätternde Rinde, die sehr dekorativ wirkt. Die weißen Blüten stehen ab Juni in bis zu 25 cm breiten Schirmrispen, die von großer Zierde sind. Ihre Randblüten sind groß aber steril, die fertilen inneren Blüten eher unscheinbar. Die Blätter sind glänzend dunkelgrün, breit-eiförmig und am Rand scharf gesägt, was ihre Schönheit unterstreicht. Im Herbst färben sie sich maisgelb. Die Pflanzen sind schattenverträglich, können aber bei ausreichender Bodenfeuchtigkeit auch in der Sonne wachsen. Zum guten Gedeihen ist ein humoser, lockerer, gut gedüngter Gartenboden notwendig. Vermehrung durch Sommerstecklinge, Steckholz und Absenker. Heimat: Ostasien, bei uns völlig winterhart. Aus Japan 1878 eingeführt.

Jasminum

Jasmin, Oleaceae

Aus dem persischen »yasamin« gebildet, was der Bezeichnung für ein wohlriechendes Öl entspricht. Die Gattung umfaßt etwa 200 Arten mit vorwiegend tropisch-subtropischer Verbreitung. Unter ihnen sind aufrecht wachsende Sträucher und kletternde Schlinger. Die Blüten sind gelb oder weiß, oft rot überlaufen und meist duftend. Ihre 4 bis 9 Kronblätter sind an der Basis röhrig verwachsen. Die Früchte sind schwarze Beeren.

Jasminum nudiflorum (Winterjasmin) ist ein dekorativer Winterblüher, der seine gelben Blüten an dunkelgrünen vorjährigen Achsen treibt, die etwas an Besenginster erinnern. Die Blätter sind dreizählig und fallen im Herbst ab. Die Achsen müssen an Spalieren angebunden werden und bauen eine bis 3 m hohe bogig aufstrebende Pflanzengestalt auf. Der Standort sollte sonnig sein auf gut dräniertem Boden. Wässerung vor dem Winter wird empfohlen, um Frostschäden vorzubeugen. Alte Winterjasmine bieten einen unübertroffenen Blütenschmuck von Dezember bis März, z.B. an süd- oder westexponierten Hauswänden. Ein Rückschnitt nach der Blüte erhöht die Zahl der im nächsten Jahr blütentragenden Triebe. Vermehrung durch Sommerstecklinge und Absenker. An älteren Pflanzen findet man oft bewurzelte Sproßspitzen, die sich bogig im Boden verankert haben. Sie können abgetrennt und verpflanzt werden. Heimat: Westchina, im wintermilden Westeuropa eingebürgert. Die Art wurde bereits 1844, nur zwei Jahre nach der Öffnung chinesischer Häfen für Ausländer, durch Robert Fortune nach England eingeführt.

Jasminum officinale (Echter Jasmin) ist ein halbimmergrüner Klimmer mit rosaweißen, vier- bis fünflappigen Blüten in Gruppen und gefiederten, sieben- bis neunteiligen Blättchen. Die ausdauernde holzige Pflanze erreicht bis 12 m Höhe. Der echte Jasmin wächst gern an Mauern oder Gerüsten in Staudenrabatten, die

Oben:
Von Dezember bis März blüht der Winterjasmin (*Jasminum nudiflorum*)

Unten:
Die weißblühenden Jasmine gedeihen nur in milden Regionen.

Linke Seite:
Kletterhortensien (*Hydrangea petiolaris*) blühen auch im Schatten.

seine Wurzeln beschatten. Dann verträgt er volle Sonne, die ganztägig oder auch nur halbtags scheinen kann. Die schnellwüchsigen Achsen werden angebunden und gelegentlich zurückgeschnitten. Die langen Triebe wirken etwas sparrig im Winter, eignen sich aber auch über Rosenbögen und entschädigen durch die reiche Sommerblüte. Völlig winterhart ist der Echte Jasmin nur in wintermilden Gebieten Deutschlands. Wir sollten ihm im Herbst daher gut mit Laub oder Reisig abdecken, so daß er sich nach Winterschäden im Frühling rasch aus den Wurzeln erneuern kann. Der Echte Jasmin stammt aus dem Mittelmeerraum und dem angrenzenden Südwestasien. Er ist seit 1548 Bestandteil der westeuropäischen Gartenkultur. Die Sorte 'Affine' besitzt größere Blüten, 'Aureum' (Syn. 'Aureomarginatum') gelbrandige Blätter und ist etwas frostempfindlich. In Frankreich entstand 1921 in der Baumschule Lemoine die Hybride *Jasminum* × *stephanense* aus *J. officinale* und *J. beesianum*. Sie ähnelt in allen Eigenschaften dem Echten Jasmin, nur ihre Blüten sind zartrosa. Jasmin gehört zu den Duftpflanzen und sein voller Duft begleitet die Blütezeit von Juni bis September. Alle Jasmine lieben einen guten Gartenboden, der aber niemals staunass sein darf. Vermehrung durch Stecklinge. Heimat: Gebirge Südwestasiens, in Südeuropa eingebürgert.

Lonicera heckrottii **ist eine der schönsten und robustesten Geißblätter.**

Lathyrus latifolius

Staudenplatterbse, Fabaceae

(Siehe einjährige Platterbsen)

Lonicera

Geißblatt, Caprifoliaceae

Benannt nach dem Frankfurter Stadtarzt und Botaniker Adam Lonitzer oder Lonicerus (1528–86). Die Geißblätter gehören zu den robustesten und dankbarsten Duft- und Kletterpflanzen. Die Gattung umfaßt laubwerfende, halb- und immergrüne Vertreter. Sie schlingen gegen den Uhrzeigersinn und fühlen sich wohl in sonniger und halbschattiger Lage. Die Pflanzen verholzen rasch und tragen gegenständige Blätter. Sie klettern an Spalieren, Klettergerüsten und können in Baumkronen geleitet werden. Lediglich heiße Südwände sollten gemieden werden. Dort leiden Geißblätter leicht unter der Sommertrokkenheit und winterlicher Frosttrocknis. Der Boden sollte humus- und nährstoffreich, feucht aber nicht staunaß sein, eben so wie es einem humosen Waldboden entspricht. Die Geißblätter sind genügsam, müssen nur bei Bedarf geschnitten werden und bieten einen schweren, süßen Duft, der im Zwielicht langer Sommerabende seine betörende Wirkung entfaltet. Besucht werden die Geißblätter von langrüsseligen Nachtfaltern. Die Blüten sind zweilippige Röhrenblüten. Bei vielen Arten reifen nach warmen Sommern die dekorativen roten oder blauschwarzen Beeren heran, die spätsommerlichen Schmuck aber auch die Möglichkeit zur Vermehrung über Samen bieten. Frühherbstliche Stecklingsvermehrung, Steckhölzer im Winter und Absenker im Frühling sind ebenfalls gängig.

L. × brownii ist eine sommergrüne Geißblatt-Hybride aus *L. hirsuta × sempervirens,* die fast nur in der starkwüchsigen Sorte 'Dropmore Scarlett' (bis 4 m hoch) in den Baumschulen zu bekommen ist. Die scharlachroten Blüten mit orangefarbenem Rachen haben ihr auch den Namen 'Rote Geißschlinge' gegeben. Die Blätter sind blaugrün, 5 bis 7 cm lang und eiförmig, die Früchte rot. Ihre lange Blütezeit von Juni bis Oktober und die attraktive Blütenfarbe macht sie zu einer der interessantesten Geißblätter für den Garten, das sich für Sonne und Halbschatten gleichermaßen eignet..

L. caprifolium (Jelängerjelieber, Gartengeißblatt) ist eine einheimische, laubwerfende Art, die leicht an den verwachsenen oberen Blattpaaren und den gelb bis weißen Blüten zu erkennen ist, die von Mai bis Juni erscheinen. Die elliptischen Stengelblätter sind 4 bis 10 cm lang und stumpf dunkelgrün. Die Art wird in Gärten kultiviert und verwildert bereitwillig in die Landschaft. Die Früchte sind scharlachrot und werden gern von Vögeln aufgenommen.

L. × heckrottii (Feuergeißblatt) ist eine Hybride, die wahrscheinlich aus *L. americana* und *L. sempervirens* hervorgegangen ist. Sie besitzt elliptische, 3 bis 6 cm lange bläulich-grüne Blätter und purpurgelbe Blüten. Sie gilt vielen als schönblütigste *Lonicera*. Sie ist mittelstark wüchsig (3–4 m) aber nur schwach windend. Besonders geeignet zu ihrer Kultur sind Rankgitter, durch die man ihre Triebe stekken kann. Die Blüten sind duftend und eine Bienenweide, die Früchte sind rot und werden von Vögeln verbreitet. Sie verlangt volle Sonne im Kopfbereich. Eine empfehlenswerte Auslese ist 'Goldflame'.

L. henryi (Henrys Geißblatt) wächst als immergrüner Schlinger mit ovalen, dunkelgrünen Blättern, die an der Unterseite etwas heller sind. Die Blüten sind langröhrig, rot bis purpurn und stehen in Gruppen am Ende der Achsen. Sie erscheinen im Sommer und wandeln sich später zu schwarzen Beeren. Die Pflanzen klettern an Rankgerüsten bis 10 m Länge und sind sowohl in der Sonne als auch an schattigen Nordseiten ganzjährig attraktiv. Die Frosthärte ist gut, allenfalls den immergrünen Blättern droht bei Wintersonne Frosttrocknis, von der sich die Pflanzen dank ihres starken Neutriebs aber wieder gut erholen. Heimat: Westchina.

L. japonica (Japanisches Geißblatt) stammt aus Japan und wurde 1862 durch George Hall in die amerikanischen Baumschulen eingeführt und hat sich seitdem im Osten der USA eingebürgert, wo sie an Waldrändern regelrechte Vorhänge bildet. Sie erstickt einheimische Arten und gilt deshalb als Unkraut. In Mitteleuropa verwildert sie nicht und ist eher schwach wüchsig. Sie trägt dekorative purpurne bis weiße Röhrenblüten, die gelb verblühen. Die Früchte sind schwarze Beeren. Die

Geißblätter an Pavillons und Rosenbögen bringen Romantik in den Garten.

Sorte 'Halliana' ist weißblütig und ein guter Bodendecker. Gelegentlich wird 'Aureo-Reticulata' (Goldnetzgeißblatt) angeboten, mit weißen Blüten, schwarzen Früchten und einer gelben, netzartigen Blattnervatur auf den teilweise gelappten Blättern.

L. periclymenum (Waldgeißblatt) blüht lange von Juni bis September. Die gelbweißen, rötlich überlaufenen Blüten stehen gruppenweise an den Triebenden. Die Blätter sind 4 bis 6 cm lang und stumpf grün. Das Waldgeißblatt klettert 5 bis 6 m hoch. Neben der Art gibt es schöne Sorten wie 'Belgica', 'Serotina' oder 'Late Red', die in der Tiefe ihrer rot-gelben Blütenfarben variieren. Die buchtig gezähnten Blätter der Sorte 'Quercina' erinnern an Eichenblätter.

L. × *tellmanniana* (Gold-Geißblatt) ist eine Geißblatt-Hybride aus *L. sempervirens* und *L. tragophylla*, die um 1927 in Ungarn entstand. Die 4 bis 5 cm langen, auffällig goldgelben Blüten sitzen meist in zwei Quirlen übereinander, die elliptischen Blätter sind oberseits frischgrün, unterseits blauweiß. Die Pflanze schlingt bis 5 m Höhe, blüht reich von Mai bis Juni und verträgt auch Halbschatten.

Menispermum canadense

Amerikanischer Mondsame,
Menispermaceae

Die griechischen Wörter »men« = Mond und »sperma« = Same bilden den Gattungsnamen, der treffend die halbmondartige Gestalt der Frucht (Steinkern) beschreibt. Die sommergrüne, zweihäusige Liane trägt kleine gelbgrüne Blüten in achselständigen Trauben, die ab Mai erscheinen. Die Blätter sind lang gestielt und drei- bis siebenlappig. Um die attraktiven, traubenartigen blauschwarzen Früchte zu erzielen, müssen beide Geschlechter angebaut werden. Die Pflanzen sind frosthart, gut wüchsig (bis 5 m) und in jedem Gartenboden zu kultivieren. Ein sonniger Standort ist zu bevorzugen. Der Amerikanische Mondsame bildet unterirdische

Ausläufer, die durch Abstechen im Frühling zur Vermehrung genutzt werden können. Ansonsten erfolgt die Aussaat im Frühling. Heimat: Nordamerika. Bereits im 17. Jahrhundert nach Europa eingeführt. Gelegentlich sieht man *Menispermum dahuricum* (Dahurischer Mondsame) , der sich vom Amerikanischen Mondsamen durch kleinere Blätter und unbehaarte Achsen unterscheidet. Er ist im nordostasiatischen Amurgebiet zu Hause.

Parthenocissus

Jungfernrebe, Vitaceae

Der Name setzt sich aus den griechischen Wörtern »parthenios« = jungfräulich und »kissus« = Klimme zusammen und nimmt Bezug auf die Eigenart des Wilden Weins, keine eßbaren Früchte hervorzubringen. Die Gattung umfaßt laubwerfende, verholzende Rankenkletterer, die wegen ihrer einmaligen Herbstfärbung geschätzt werden. An den Ranken entwickeln sich Haftscheiben, die die Pflanzen zu hervorragenden Kletterern auch auf glatten Wänden machen. Wilder Wein ist zur Pflanzung an sonnigen und schattigen Stellen geeignet, wobei die Herbstfärbung durch Sonne gefördert wird. Die grünen Blüten sind klein und unscheinbar, die Früchte blauschwarze Beeren. Für Bienen und Vögel wertvoll. Vermehrung durch Herbstaussaat, Stecklinge und Steckholz. Die Gattung verursachte seit der Mitte des 19. Jahrhunderts nomenklatorische Probleme, weil die Arten und Varietäten von verschiedenen Botanikern unterschiedlich benannt wurden. Erschwerend für eine klare

Linke Seite oben: *Lonicera × tellmanniana* besitzt auffällig goldgelbe Blüten.

Linke Seite unten: Die in den Fruchttrauben enthaltenen Samen von *Menispermum* erinnern an die Sichel des Mondes.

Die Jungfernreben (*im Bild Parthenocissus quinquefolia*) sollten einen sonnigen Platz bekommen, damit ihre einmalige Herbstfärbung zur Geltung kommt.

Die Dreispitzjungfernrebe (*Parthenocissus tricuspidata*) friert in kalten Wintern etwas zurück. Sie baut sich aber im Frühling von unten her stets wieder auf.

Bestimmung sind Bastardierungen zwischen den Arten. Seinen Ruf, ein schlechter Kletterer zu sein, verdankt *P. quinquefolia* der Verwechslung mit *P. inserta*. Die beiden wurden erst 1892 vom Botaniker Koehne als unterschiedliche Arten erkannt. Die aus ihnen entstandenen Bastarde mit einer geringeren Zahl Haftscheiben und entsprechend schlechterem selbstklimmenden Wuchsverhalten werden in den Baumschulen oft nicht weiter unterschieden und ebenfalls als *P. quinquefolia* angeboten. Um sicher zu gehen, sollte man *P. quinquefolia* 'Engelmannii' wählen, die reichlich Haftscheiben ausbildet und ein guter Selbstklimmer ist. Die Sorte 'Veitchii' der Art *P. tricuspidata* weicht deutlich vom Typus ab und wird offenbar im Handel auf zahlreiche Formen ausgedehnt. Vielleicht handelt es sich hierbei um einen eigenen Formenkreis, der weniger, als bisher angenommen, mit der Art zu tun hat. In der Praxis darf man sich also nicht wundern, wenn 'Veitchii' nicht in allen Baumschulen gleich aussieht.

P. quinquefolia (Selbstkletternde Jungfernrebe) besitzt fünf- bis siebenzählig gefingerte und stumpfgrüne Blätter und Ranken mit 5 bis 12 Verzweigungen. Haftscheiben sind stets vorhanden. Die Früchte sind blauschwarze Beeren an unauffälligen, lockeren Rispen. Sie reifen ab September. Am häufigsten angeboten wird die Form 'Engelmannii', die etwas kleinere Blätter hat als der Typ. Sie eignet sich besonders zum Begrünen von Wänden in Sonne und Schatten. Weniger bekannt aber auch winterhart ist die Sorte 'Saint-Paulii' mit einer größeren Anzahl Haftscheiben und breiteren Blättern. Die Herbstfärbung beginnt bereits Anfang September und reicht von scharlach- bis braunrot. Die Jungfernrebe ist besonders winterhart (bis –40 °C) und ein starker Kletterer bis 15 m Höhe. Heimat: Östliches Nordamerika. Sie wurde bereits 1629 nach Europa eingeführt und zunächst als *Hedera canadensis scandens* zu den Efeus gestellt, wie eine Beschreibung von 1770 im »Universal Botanist and Nurseryman« belegt.

P. tricuspidata (syn. *Ampelopsis veitchii*, Dreispitzjungfernrebe) trägt an jungen Achsen entweder dreiteilige oder ungeteilte Blätter mit breit eiförmiger Spreite. Tief dreigelappt sind dagegen die Blätter der Altersform, die bis 25 cm lang werden können. Die Blattoberseite ist auffällig glänzend grün. Der Austrieb ist bronzefarbig. Die Blüten sind gelbgrün, an kurzen zweiblättrigen Zweigen. Die Früchte sind blauschwarze, etwas bereifte Beeren, deren Samen gern von Vögeln gefressen wird. Die Pflanzen wachsen bis 10 m hoch und klettern selbständig mit Haftscheiben. Sie wachsen in jedem nicht zu trockenen Gartenboden und schaffen mit ihrer orange bis scharlachroten Herbstfärbung einen beeindruckenden Blickfang. Die Art wird meistens in der kleinblättrigen Form 'Veitchii' angeboten, hinter der sich wahrscheinlich verschiedene Formen verbergen. Die Sorte 'Purpurea' bleibt im Sommer rot, 'Lowii' hat nur 2–3 cm lange gekräuselte Blätter, die unregelmäßig aber tief drei- bis siebenteilig gelappt sind. 'Beverley Brook' ist schwachwüchsig und kleinblättrig. Die beiden letztgenannten Sorten eignen sich ebenfalls als Bodendecker. 'Gloire de Boskoop' ist eventuell identisch mit 'Atropurpurea' und 'Purpurea'. Eine neuere, sehr schöne Sorte mit sattgrünen, großen Blättern ist 'Greenspring'. Alle Varietäten und die Art gehören zu den schönsten Kletterpflanzen überhaupt und sind für Sonne und Halbschatten geeignet. In Nordlagen bleibt aber die intensive Herbstfärbung aus. Die Winterhärte ist geringer als bei *P. quinquefolia*, so daß es in extremen Wintern zum Absterben der oberirdischen Triebe kommen kann. Die Pflanzen treiben aber im Frühling rasch wieder aus der Wurzel. Heimat: Ostasien. Von der Baumschule Veitch 1862 aus Japan eingeführt

Passiflora caerulea

Blaue Passionsblume, Passifloraceae

Die blaue Passionsblume (*Passiflora caerulea*) ist einen Versuch an geschützten Hauswänden und im Wintergarten wert.

Von den lateinischen Wörtern »passio« = Leiden und »flos« = Blüte abgeleitet. Die Blüten der Passionsblumen sind einzigartig. In der Kombination ihrer kronenartigen Staminodien, Staubblätter und Narbenlappen glaubte der Beschreiber Nicolas Monardes, ein spanischer Arzt des 16. Jahrhunderts, die Zeichen der Passion Christi wiederzuerkennen: »Der äußere Kelch verlängert sich in Dornen, die Unschuld zeigt sich in der weißen Farbe der Blütenblätter, die geschlitzte Nektarkrone (Corona) erinnert an des Erlösers zerissene Kleider, die Säule in der Blütenmitte ist diejenige, an welche der Herr gebunden wurde, der darüber angeordnete Fruchtknoten ist der in Essig getränkte Schwamm, die drei Narbenlappen sind die drei Nägel, die fünf Randfäden die fünf Wunden und die dreilappigen Blattranken die Geißeln« (nach Ferrari 1633 aus Genaust 1983). Die Blütenblätter von *P. caerulea* sind weiß, der Strahlenkranz blauweiß. Die Blätter sind wechselständig, dunkelgrün und fünflappig. Die Passionsblume klettert mit Sproßranken. Im Wintergarten entwickeln sich nach Bestäubungsbesuchen durch einfliegende Insekten eßbare, pflaumengroße orangefarbene Früchte. Sie enthalten die Samen. Ihre geleeartigen Samenmäntel schmecken süßsäuerlich. Die Blätter sind glänzend dunkelgrün und fünf- bis siebenlappig. Die Blaue Passionsblume ist eine immergrüne, ausdauernde Art, die in mildesten Lagen im Freien an geschützten Mauern einige Jahre aushält, in Mitteleuropa aber besser als Wintergartenpflanze gezogen wird. Leider zieht sie unter Glas immer wieder Woll- und Spinnmilben an. Biologische Bekämpfung mit Raubmilben und Marienkäfern kann aussichtsreich sein, wenn es gelingt, die Nützlinge im Wintergarten zu halten. Sonst hilft Abwaschen der Schädlinge. Mit chemischen Spritzmitteln sollten wir im Wintergarten vorsichtig sein, zumal Passionsblumen empfindlich darauf reagieren können. Im Freiland benötigt sie einen Winterschutz durch aufgeschüttetes

Laub oder Abdecken mit Fichtenreisern. Der Boden darf nie staunass sein. Winterschäden durch Nässe sind häufiger als durch Frost. Die Pflanze kann sonnig oder im Halbschatten kultiviert werden. Sie fühlt sich wohl in einem gut gedüngten, humosen Boden, der gleichmäßig feucht gehalten wird. Auch in der Hauptwachstumszeit reagieren Passionsblumen empfindlich auf ein Übermaß an Wasser. Die Düngung sollte dagegen reichlich sein, weil Passionsblumen zu den Starkzehrern gehören und bei Mangel schnell in der Blüte nachlassen. Vermehrung durch Samen und Stecklinge. Samen sollte sofort ausgesät werden, da Lagerung zu einer abnehmenden Keimungsbereitschaft führt. Stecklinge können bereits ab April von blühreifen Trieben geschnitten werden. Die Art wird häufig als Topfpflanze günstig im Handel angeboten. Sie gehört zu einer großen Pflanzenfamilie, die überwiegend tropische Verbreitung hat und aus etwa 500 Arten besteht. Seit langem werden Passionsblumen züchterisch bearbeitet. Die neueren Hybriden wie 'Violett Star', 'Fixstern' und 'Rosa Traum' sind aus *P. caerulea* 'Constance Elliot', *P. violacea* und *P. coccinea* entstanden. Sie besitzen die gleiche bedingte Winterhärte wie *P. caerulea*. *P. umbilicata* aus den höheren Lagen der Anden scheint nach Erfahrungen in England ebenso winterhart wie *P. caerulea* zu sein. Sie besitzt purpurfarbene oder violette Blüten und dreilappige, 3 bis 5 cm lange Blätter. Wegen der ins Rote gehenden Blüten wäre sie einen Anbauversuch wert. Der bekannte »Maracujasaft« wird aus den Früchten der Grenadilla (*P. edulis*) gewonnen, einer nahen tropischen Verwandten der Blauen Passionsblume. Heimat: Brasilien, bereits 1609 nach Europa eingeführt.

Die Schwalbenwurzblüten der Orientbaumschlinge (*Periploca graeca*) bieten ihren Bestäubern Nektar an.

Periploca graeca

Orientbaumschlinge, Asclepiadaceae

Aus dem griechischen »periploke« = Umarmung gebildeter Gattungsname. Ein laubwerfender Schlinger bis 15 m Höhe. Die glänzend grünen Blätter sind gegenständig und 2 bis 5 cm lang. Im Sommer erscheinen typische Asclepiadeenblüten mit fünfzähliger Krone und zipfeliger Nebenkrone in Gruppen von 8 bis 12. Sie sind außen grüngelb und innen purpurfarben. Ihr Geruch ist eigentümlich und gefällt nicht jedem. Es sind Insektenblumen, die zu den kompliziertesten im Pflanzenreich gehören. Ihre Nebenkronen bieten Nektar dar, um Bestäuber anzulocken. Spezielle Leitschienen an den Staubblatträndern führen den Insektenkörper zu den Anheftungsstellen der Pollensäcke. Dort werden Pollenbündel (Pollinien) an den Insektenleib geklemmt und so in großer Zahl auf die Reise zur nächsten Blüte geschickt. Die zwei Balgfrüchte sind bis 12 cm lang und enthalten behaarte Samen. Die Triebe führen giftigen Milchsaft, der bei Verletzungen austritt. Die Pflanze liebt sonnige Stellen und einen humosen, gut gedüngten Boden.

Sie kann durch Teilung im Frühling oder Samen im Herbst vermehrt werden. Ihrer südeuropäischen Herkunft entsprechend ist sie nur bis etwa −18 °C winterhart. Abdeckung des Wurzelraums mit Fichtenreisig oder Laub im Herbst wird empfohlen. Heimat: Mittelmeerraum.

Rosa

Rose, Rosaceae

Der lateinische Gattungsname ist persischen Ursprungs, was auf die Entstehungsgeschichte der Rosen hinweist, die ihre Wurzeln im orientalischen Raum haben. Rosen wurden in der persischen Gartenkultur seit dem 13. Jahrhundert geschätzt, gehörten sie doch zu den wenigen damals bekannten Zierpflanzen, die auch nach dem kurzen Blütenrausch des Frühlings bis in die heißen Sommer des Orients hinein aushielten. Eine der ältesten Rosen ist die rote *Rosa gallica* (= *R. officinalis*), die Apothekerrose. Sie wird seit über 3000 Jahren kultiviert. Bei Persern und Griechen waren Rosen bekannt, die nur einmal blühten, nicht kletterten und überwiegend rosa und rot waren. Die gelbe Farbe war selten und setzte sich noch nicht durch. Der Teerosenduft kam erst später durch *R. gigantea*, eine wilde Kletterrose aus dem Himalaja, und andere chinesische Rosen dazu. Den Römern waren die stark duftende weiße Moschusrose (*R. moschata*) und die daraus abgeleiteten zweimal blühenden rosa und weißen Herbstdamaszenerrosen bekannt. Die Sommerdamaszenerrose, deren Eltern vermutlich *R. phoenicea* und *R. gallica* sind, soll während der Kreuzzüge nach Mitteleuropa gekommen sein. Aus ihr und der Apothekerrose gingen *R.* × alba (Weiße Rose von York) und später, unter Beteiligung der Herbstdamaszenerrose, die berühmte *Rosa* × centifolia hervor. Sie wurde von holländischen Züchtern im 17. Jahrhundert kultiviert und zeichnet sich durch einmaligen Duft und einer Fülle rosafarbener Petalen aus. Leider ist sie sehr kopflastig und knickt nach Regenfällen über. Die Moosrosen sind Mutationen der *R.* × centifolia. Seit 1780 fanden die chinesischen und japanischen Gartenrosen Eingang in Europa. Unter den ersten waren die heute noch anbauwürdigen *R. multiflora* und *R. banksiae*. Die als *R.* × odorata bezeichneten Kletterrosen waren aus *R. gigantea* und *R. chinensis* hervorgegangen und wurden bereits länger in China kultiviert. Ihre Kreuzungen mit Moschus-, Damaszener- und Apothekerrosen, die in Europa und Nordamerika durchgeführt wurden, brachten den Durchbruch zu gelben Farben, Teehybridenduft und Dauerblütigkeit. Die erste sicher belegte Kreuzung zwischen chinesischen Kletterrosen und europäischen Rosen wurde 1802 von Champney in South Carolina durchgeführt. Aus *R. moschata* × *R.* 'Parson's Pink China' entstand die Kletterrose 'Champney's Pink Cluster'. Amerika wurde nach 1900 die Wiege zahlreicher, winterharter Kletterrosen. Unter Verwendung von *R. wichuraiana* und *R. luciae* entstanden so berühmte Sorten wie 'American Pillar', 'Albertine', Excelsa' und schließlich 1930 'New Dawn', die erste mehrfach blühende Kletterrose. Nach 1920 begann der deutsche Züchter Wilhelm Kordes mit seiner Arbeit, die eine Fülle gesunder, winterharter Kletterrosen zeitigte: 'Dortmund', Parkdirektor Riggers', 'Heidelberg', 'Sympathie' und 'Rosarium Uetersen' gehen auf ihn und seinen Sohn zurück.Verschiedene Sorten der Kletterrosen bildeten sich häufig spontan durch plötzliche auftretende Langtriebigkeit, z.B. innerhalb der Gruppe der Teehybriden, und wurden durch die Züchter benannt und weiter vermehrt.

Kletterrosen sind ideale Gartenrosen, die Schönheit von Wuchs und Blüte vereinen. Unter den zahlreichen Kletterrosen verdienen zwei Gruppen besondere Beachtung: Die remontierenden, in der Blüte edelrosenartigen modernen Sorten, von denen einige Beispiele unten aufgeführt sind, und die starkwüchsigen, etwas altmodischen 'Rambler', eine Liebhabergruppe, die besonders in den wintermilderen westeuropäischen Ländern wie England und Frankreich Teil der Gartenkultur sind. Für erstere stehen Sorten wie die rosafarbene 'Lawinia', die reinweiße

'Schwanensee' und die dunkelrote 'Sympathie', für letztere die weißen 'Sanders White Rambler' und 'Kiftsgate', die rosa 'Debutante' und die rote 'Crimson Shower'. Die bekannte rote Kletterrose 'Paul's Scarlett Climber' steht ebenfalls den Ramblern nahe. Wie erwähnt, sind Kletterrosen meist Abkömmlinge von Edelrosen, in deren Ahnenreihe die Himalaya-Kletterrose *R. gigantea* und die chinesische *R. chinensis* vertreten sind. Daher sind leider gerade viele Ramblersorten etwas frost- und mehltauempfindlich und in Mitteleuropa kaum einen Versuch wert. In Deutschland leicht erhältlich und anbauwürdig sind aber die unten aufgeführten Sorten. Zuverlässiger wachsen dagegen die Hybriden unter Beteiligung von *R. wichuraiana* und *R. rugosa,* die z.B. in den Züchtungen von Kordes Eingang fanden (z.B. 'Sympathie'), welche Schönheit, Winterhärte und Gesundheit verbinden. Kletterrosen erreichen 2 bis 6 m Höhe und blühen in zahlreichen Farbnuancen von Mai bis Oktober. Je nach Sorte bieten die Hagebutten spätsommerlichen Fruchtschmuck. Leider sind Kletterrosen nicht gegen Mehltau, Sternrußtau und Rost gefeit, der in der Hauptwachstumszeit bei feuchtwarmer Witterung auftritt. Hier kann die Wahl geeigneter Sorten und die Beschränkung von Rosenpflanzungen auf sonnige, luftige Gartenplätze mit einem humosen, tiefgründigen Boden bereits vorbeugen. Kletterrosen können über Pergolen, Rosenbögen, Spalieren und vor Mauern wachsen. Sie sind Spreizklimmer, die sich mit ihren Stacheln festklemmen. Als Kletterhilfe vor Mauern benötigen sie ein Spalier, an das sie ebenso wie auf Rosenbögen aufgebunden werden. Steinmauern speichern die Wärme warmer Sommertage und geben sie an die Rosen weiter, so daß auch nachts der Rosenduft durch den Garten streicht. Allzu heiße Mauern in Südlagen sind weniger geeignet, es sei denn wir setzen das Spalier wenigstens in 10 cm Abstand zur Oberfläche. Die Vermehrung kann durch Aussaat der Hagebutten, durch Stecklinge, die im Juni-Juli geschnitten werden, und durch winterliches Steckholz erfolgen. Meist werden Hobbygärtner dies aber lediglich bei Wildrosen durchführen, denn die Kultursorten sind geschützt. Sie werden vom Züchter durch Okulieren vermehrt. Das Rosarium Sangerhausen besitzt etwa 5000 Rosensorten, darunter viele Kletterrosen. Die folgenden Empfehlungen sind daher nur eine kleine Auswahl aus einem riesigen Sortiment. Die genannten Sorten wurden nach Verfügbarkeit, Krankheitsresistenz und Schönheit zusammengestellt.

Rosa arvensis (Feldrose, Kriechende Rose) ist die einzige einigermaßen kletternde einheimische Rosenart. Sie trägt kleine rosa bis weiße Blüten, die einzeln oder in Gruppen von 2 bis 3 stehen. Aus ihnen entstehen etwa 2 cm lange, hellrote Hagebutten. Ihre Triebe wachsen ramblerartig über den Boden und in aufrecht stehende Gehölze. Die Feldrose ist als Rose

Linke Seite:
Keine andere Kletterpflanze verbindet Natur und Architektur so elegant wie die Kletterrosen.

Kletterrosen (Rambler) können über einen Dreifuß, der mit etwas Abstand zum Baumstamm steht, in die Krone von alten Bäumen wachsen. So entstehen herrliche Gartensituationen, die ihre Vorbilder in der Natur haben.

Kletterrosen fühlen sich an sonnigen, luftigen Standorten am wohlsten.

eher unscheinbar und nur etwas für den Liebhaber eines Naturgartens.

'Coral Dawn' (2,5 bis 3 m) ist reinrosa mit starkem Duft und edelrosenartigen Blumen, die einzeln oder in Dolden stehen.

'Dortmund' (3 bis 3,5 m) hat leuchtend rote Blütenblätter mit weißer Basis, die die auffallenden, in Dolden stehenden wildrosenartigen Blüten aufbauen. Nach ADR-Sortenprüfung sehr gesund und frosthart aber mit kurzer Blütezeit.

'Ferdy' (1,5 bis 2,5 m) ist eine ebenfalls empfehlenswerte, lachsrosa Ramblerrose von ausreichender Frosthärte und mit gesundem Laub. Geeignet als Bodendecker und Kletterpflanze.

'Flammentanz' (4 bis 5 m) die feuerroten, großen und gefüllten Blüten machen diese Sorte zu einem Blickfang. Nach ADR-Sortenprüfung sehr gesund und völlig winterhart.

'Golden Showers' (2 bis 3 m) ist eine der langblühendsten Kletterrosen überhaupt. Sie besitzt in Dolden stehende, große hellgoldgelbe Blüten, duftend und von edelrosenartigem Charakter, die bis in den Herbst hinein erscheinen.

'Goldstern' (2 bis 3 m) hat goldgelbe, gefüllte große Blüten, die stets von neuem erscheinen. Ihre reichlichen Verweigungen führen zu aufrechtem buschigen Wuchs.

'Gruß an Heidelberg' (2 bis 3 m) ist eine bekannte Kletterrose mit tiefroten und duftenden Blüten von edlem Charakter. Sie zeichnet sich durch starken, aufrechten Wuchs aus.

'Lawinia' (1 bis 2 m) hat gefüllte, große lachsrosa Blüten, die den ganzen Sommer über bis zum ersten Frost erscheinen. Die Sorte ist meist wenig pilzanfällig und besitzt große, dunkelgrüne Blätter, die einen würdigen Hintergrund für die effektvollen Blüten bilden.

'New Dawn' (3 bis 4 m) ist eine Ramblerrose mit zuverlässiger Winterhärte und starkem Wuchs. Die silbrigrosa Blüten sitzen in Büscheln und verströmen einen betörenden Duft.

'Swany' (1,5 bis 2 m) ist eine schwachwüchsige, ramblerartige Rose mit reinweißen, zahlreichen Blüten. Sie ist winterhart und unempfindlich und wird auch als Hangbegrüner und Bodendecker verwendet.

'Parade' (3 bis 4 m) ging aus 'New Dawn' und der Kordesrose 'Worlds Fair' hervor und gilt als zuverlässiger, robuster Dauerblüher, der sich sogar an Nordwänden bewährt haben soll. 'Parade' entwikkelt von Juni bis Oktober gefüllte tiefrosa Blüten von 10 cm Durchmesser, die stark duften. Das Laub ist glänzend grün.

'Royal Gold' (1,5 bis 2 m) verlangt eine warme Südwand, wo sie ihre einzigartigen gelben Blüten entwickeln kann. Sie ist nur langsam wüchsig, besitzt ein dunkelgrün glänzendes Laub und blüht ab Juni. Die Blüte wird von einem zarten, ansprechenden Duft begleitet. 'Royal Gold' bezaubert nicht durch eine überwältigende Blütenfülle, sondern durch die Schönheit ihrer einzelnen Blüten.

'Super Excelsa' (2 bis 3 m) ist ein rosaroter Abkömmling von 'Excelsa', der weniger krankheitsanfällig und besonders frosthart ist. Sie besitzt eine längere Blütezeit als die einmal blühende 'Excelsa' und hat ein gesundes und glänzend grünes Laub an langen rankenartigen Trieben. Die kleinen, gefüllten Blüten stehen in großer Zahl an den Triebenden.

'Sympathie' (3 bis 4 m) ist eine öfter blühende Rose mit großen, gefüllten, scharlachroten Blüten.

Rubus

Brombeere, Himbeere, Kratzbeere, Rosaceae

Von der indogermanischen Namenswurzel »reub« = reißen abgeleitet, ein deutlicher Hinweis auf die Stacheln. Die Gattung umfaßt neben einigen bekannten Fruchsträuchern über 400 Wildarten mit außertropischer Verbreitung. Es sind laubwerfende und immergrüne Gehölze, die oft Stacheln tragen und Ausläufer entwikkeln. Bogig überhängende Achsen neigen zur Einwurzelung in den Boden und können dann zur Vermehrung abgetrennt werden. Die Blätter sind gelappt oder gefiedert und tragen Stipeln (Nebenblätter) an der Spreitenbasis. Die Blüten stehen einzeln oder in Trauben und Rispen. Sie variieren von weiß bis rosa. Die Früchte sind saftreiche, meist eßbare Steinfrüchte. Alle *Rubus*-Arten lieben einen sonnigen, gut gedüngten und humosen Gartenboden. Mulchen mit Kompost oder Rindenhumus fördert das Wachstum und die Blütenbildung. Zur Vermehrung wird Steckholz geschnitten oder Ausläufer werden abgetrennt.

Rubus fruticosus (Gewöhnliche Brombeere) variiert dermaßen in ihrer Gestalt, daß manche Botaniker bis zu 200 Kleinarten darin sehen. Eine unüberschaubare Zahl erreichen mit etwa 3000 die Sorten und Hybriden. Die Blätter sind variabel, meist aber fünfteilig und hängen oft bis weit in den Winter am Strauch. Die großfrüchtigen Sorten werden als Obststräucher angebaut. Sie tragen nur an den Seitenachsen der zweijährigen Ruten etwa 2 cm große, schwarzblaue Sammelfrüchte in Rispen. Eine bekannte Sorte ist 'Theodor Reimers'. Beliebt, aber geschmacklich weniger fruchtig, sind die stachellosen Formen von *R. laciniatus*, z.B. die Sorte 'Thornless Evergreen'. Die Früchte werden roh gegessen oder zu Marmelade, Likör und Most verarbeitet. Ihr Wert liegt in dem ausgezeichneten Fruchtgeschmack und ihrem hohen Vitamin-A-Gehalt. Brombeeren klimmen mit ihren Stacheln, sofern diese nicht weggezüchtet wurden. In jedem Fall ist ein Anbinden am Klettergerüst notwendig, ähnlich wie bei Kletterrosen. Brombeeeren sind gut zur Begrünung großer Pergolen und Laubengänge geeignet, wo ihre Früchte leicht zu ernten sind. Ein jährlicher Rückschnitt des alten Holzes nach Bedarf ist erforderlich. Heimat: Eurasien.

Häufig angeboten werden Hybriden unter Einschluß der nordamerikanischen Arten. Die »Loganberry«, die »Tayberry« und die »Boysenberry« sind Kreuzungen aus Brombeeren, Himbeeren und der kalifornischen *Rubus loganobaccus*. Sie werden auch in stachellosen Varietäten angeboten, sind etwas schwächer wüchsig und somit für kleinere Gärten besser geeignet als die oft ausufernden Brombeeren.

Rubus henryi (Kletterhimbeere) ist ein Spreizklimmer mit drei- bis fünflappigen, gesägten, glänzendgrünen Blättern mit weißer Unterseite. Die weißlichen, rosa überlaufenen Himbeerblüten werden später zu schwarzen und eßbaren Früchten. In Europa wird die Sorte 'Bambusarum' kultiviert. Die Pflanze wird wegen ihres dekorativen, immergrünen Laubs geschätzt und klimmt bis 6 m hoch. Die peitschenartigen Triebe sind locker mit kleinen Stacheln gespickt. Manchmal wird sie mit *Lonicera henryi* verwechselt. Die Pflanze wurde von E.H. Wilson um die Jahrhundertwende aus Mittelchina nach Europa gebracht.

Eine Art für den Naturgarten ist der einheimische Bittersüße Nachtschatten (*Solanum dulcamara*).

Solanum dulcamara

Bittersüßer Nachtschatten, Solanaceae

Bereits vom römischen Naturforscher Plinius (23–79 n.Chr.) so benannte Gattung der Nachtschattengewächse, die mit etwa 1500 Arten vorwiegend in den Tropen verbreitet ist. Zu ihr gehören auch die Kulturpflanzen Tomate, Kartoffel und Aubergine. Der altertümliche Name »Nachtschatten« beschreibt die alptraumerzeugende Wirkung der giftigen Pflanzeninhaltsstoffe.

Der Bittersüße Nachtschatten ist eine verholzende Schlingpflanze einheimischer Auenwälder und liebt entsprechende feuchte und halbschattige Gartenplätze. Bei ausreichender Wasserversorgung kann er aber auch in voller Sonne wachsen. Er klettert bis in 2 m Höhe, selten erreichen seine Achsen Armdicke. Seine Nachtschattenblüten sind dunkelviolett und erscheinen ab Juni in rispenartigen Wickeln. Sie werden von Schwebfliegen, Käfern, Hummeln und Bienen besucht. Die Blätter sind lanzettlich bis spießförmig. Die Pflanze trägt im Spätsommer glänzend rote Früchte, die wie alle Solanaceen giftige Alkaloide enthalten. Giftstoffe sind im gesamten Pflanzenkörper enthalten und deshalb sollte man nicht davon probieren, auch wenn der deutsche Name einen Geschmackstest nahelegt. Wenigstens seit dem 16. Jahrhundert wird der Bittersüße Nachtschatten in der Kräutermedizin verwendet. Seine oberirdischen Stengel sollen Blasen-, Darm- und Hautkrankheiten kurieren helfen. Vor Selbstversuchen wird gewarnt! Er ist eine Art für Liebhaber einheimischer Pflanzen und Arzneipflanzen. Vermehrung durch Samen. Heimat: Eurasien, Nordafrika, Nordamerika.

Die einheimische Schmerwurz (*Tamus communis*) verlangt luftfeuchte Gartenplätze.

Tamus communis

Schmerwurz, Dioscoreaceae

Aus dem lateinischen »tamnus« = Schwarze Zaunrübe abgeleitet. Ein laubwerfender, bis 3 m hoher Schlinger mit glänzenden, dunkelgrünen Blättern von herzförmiger Gestalt und unscheinbaren, zweihäusig verteilten Blüten ab Mai. Die Blüten duften und enthalten Nektar. Die scharlachroten Beeren verleihen der Pflanze eine gewisse Attraktivität, sie ist aber sonst nur für Liebhaber einheimischer Pflanzen empfehlenswert, da sie in sonnigen Lagen bereits ab August verdorrt und einzieht. Die Pflanze liebt luftfeuchte

Bedingungen und milde Winter, wie es ihrem natürlichen Verbreitungsgebiet entspricht. Besonders üppig wächst sie in den Buchenwäldern der großen norditalienischen Seen, am Bodensee und Genfer See. Abdeckung des Wurzelraums über den Winter mit Laub oder Fichtenreisig. Die Pflanze bildet kiloschwere unterirdische Speicherknollen, die beim Zerschneiden schmieren und so den deutschen Namen Schmerwurz veranlaßt haben. Vermehrung durch Samen. Heimat: Schattige Wälder Süd- und Mitteleuropas.

Thladiantha dubia

Quetschblume, Cucurbitaceae

Der Name bezieht sich auf das griechische »thlaein« = gequetscht, weil der Erstbeschreiber Bunge diese Pflanze nur als gepreßten Herbarbeleg kannte. Eine Kletterpflanze, die wegen ihrer gelben Blütenglocken geschätzt wird und die bis 8 m klettern kann. Es gibt männliche und weibliche Pflanzen. Die Quetschblume gedeiht nur in milden Lagen an vollsonnigen Standorten, wo sie alljährlich ihre herzförmigen Blätter an raschwüchsigen, zarten Trieben entfaltet. Sie wird oft als einjähriger Schlinger am Spalier gezogen, hält aber in milden Lagen dauerhaft aus. Teilung alter Pflanzen im Frühling ist möglich. Sie benötigt einen gut gedüngten humusreichen Gartenboden, der nie austrocknen darf. Ihre kartoffelartigen Knollen können frostfrei im Haus oder abgedeckt im Freiland überwintert werden. Sie können wie Samen zur Vermehrung genutzt werden. Heimat: Das Amurgebiet in Nordostasien. In den Botanischen Garten Paris 1861 erstmals eingeführt.

Vitis

Weinrebe, Vitaceae

Das lateinische »vitis« beschreibt bereits in römischer Zeit die Weinreben, aber damals auch andere Kletterpflanzen wie die Zaunrüben (*Bryonia*). Es geht auf die alte indogermanische Wurzel »ueit« zurück, die sich ebenfalls in anderen Kletterpflanzengattungen, z. B. *Vicia* (Wicken), wiederfindet. Fossile Funde belegen das Vorkommen von *Vitis* bereits im Tertiär. Die Gattung umfaßt etwa 60 laubwerfende, einen holzigen Stamm bildende Kletterer, die wegen ihrer attraktiven Blätter und Früchte (Weintrauben) gezogen werden. Die Blüten stehen unscheinbar in Rispen, die Blätter sind handförmig gelappt. Weinreben gehören zu den langlebigsten Kletterpflanzen. Sie entwickeln Ranken. Nicht alle sind völlig winterhart in Mitteleuropa. Die besten Herbstfärbungen und süßesten Früchte wird man nur an sonnigen und warmen Standorten erzielen. Der Boden sollte locker, gut gedüngt und kalkhaltig sein. Die Vermehrung erfolgt durch verholzte Stecklinge im Spätherbst oder Steckholz im Winter. Aussaat ist nur bei Wildarten möglich.

Vitis coignetiae (Rostrote Weinrebe) ist die schönste *Vitis*-Art für den Garten. Ihre bis 30 cm breiten Blätter sind filzig-rostrot auf der Unterseite, von rundlicher Form und mit 3 bis 5 schwach ausgebildeten Lappen. Die Triebe wachsen jeden Sommer rasch 2 bis 3 m und sind gute Rankenkletterer. Die Rostrote Weinrebe eignet sich am Haus genauso wie über freistehenden Klettergerüsten und freiwachsend in

Die Quetschblume (*Thladiantha dubia*) treibt an vollsonnigen Standorten unzählige gelbe Kürbisblüten.

Unter den Weinreben empfiehlt sich *Vitis coignetiae* durch seine großen und schön gefärbten Blätter für eine häufigere Pflanzung.

Bäume hinein. Ihr schönster Schmuck ist die bereits Anfang September beginnende und lang andauernde scharlachrote Herbstfärbung ihrer ansehnlichen Blätter. Heimat: Ostasien. 1875 wurden von Madame Coignet Samen aus Japan nach Frankreich gebracht, wofür sie später bei der Benennung der Art geehrt wurde.

Vitis riparia, syn. *Vitis odoratissima,* (Uferweinrebe) wächst stark mit großen, bis 20 cm langen Blättern, die grobgezähnt, dreilappig und glänzend sind. Die Blüten stehen in 10 bis 15 cm langen, duftenden Rispen. Die Früchte sind schwarzpurpurn und bereift. Heimat: Nordamerika.

Vitis vinifera ssp. *vinifera* (Echte Weinrebe) nennt der Botaniker die allseits gut bekannte Kulturrebe. Sie wurde bereits in Ägypten vor 5500 Jahren kultiviert. Ausgangssippe war die heute noch von Süddeutschland bis Westasien zu findende *Vitis vinifera* ssp. *sylvestris,* die als einzige aus einem ehemals reicheren Formenkreis die Eiszeiten in Europa überlebt hatte. Die Griechen und Römer bemühten sich um die Kultur der Echten Weinrebe und letztere pflanzten sie erstmals nördlich der Alpen an, so daß im Laufe der Jahrhunderte zahlreiche Sorten entstanden. Weinreben werden heute in resistenten Sorten angeboten, die auch im nördlichen Deutschland an Spalieren vor warmen Hauswänden Früchte tragen und wenig pilzanfällig sind. Gerade bei *Vitis* spielt die Sorte eine bedeutende Rolle. Die meisten in wärmeren Regionen bewährten Trauben taugen nicht nördlich der Mainlinie. Sie wachsen zwar, setzen aber kaum Beeren an und leiden ständig unter Mehltau. Man sollte daher eine Sorte wählen, die sich bereits in einer örtlichen Baumschule bewährt hat. Als reichtragend und gesund hat sich in Norddeutschland unter anderen die alte, auf römische Importe zurückgehende Sorte 'Weißer Gutedel' bewährt. Wenig pilzanfällig sollen 'Muscat Bleu', 'Medina' und 'Bianca' sein. Die unscheinbaren grünlichen Blüten besitzen Nektardrüsen, die Insekten zur Bestäubung anlocken. Nach der Befruchtung entwickeln sich die saftigen Weinbeeren. Wer viel Wert auf große Früchte legt, muß im Sommer die blattachselständigen Beiknospen entfernen (ausgeizen), da sie mit den gleichzeitig heranwachsenden Fruchtständen um die Nährstoffe konkurrieren. Bei der Pflanzung werden die Wurzeln etwas und die Triebe auf zwei bis drei Augen zurückgeschnitten. Das Pflanzloch sollte zwei Spatenlängen tief sein und wird mit humusreicher Feinerde aufgefüllt. Die Veredelungsstelle muß etwa 5 cm oberhalb der Erdoberfläche bleiben. Die Triebe werden zum Stab hin orientiert und können bis auf einen reduziert werden, wenn man mehr Wert auf die Früchte als auf die Schönheit der Kletterpflanze legt. Die späteren Austriebe können jährlich im Winter ebenso zurückgenommen werden. Auch ein Sommerschnitt ab Juli ist möglich, z.B. wenn das Platzangebot nicht ausreicht und zurückgeschnitten werden muß. Heimat: Südeuropa, heute weltweit in Kultur.

Wisteria

Glyzinen, Blauregen, Leguminosae

Benannt nach dem amerikanischen Anatom Caspar Wister (1761–1818) sind die Glyzinen langlebige und eindrucksvolle Kletterpflanzen. Sie können beindicke Stämme von beträchtlichem Gewicht entwickeln und 9 bis 25 m hoch emporklimmen. Ein stabiles Spalier oder eine tragfähige Pergola sind daher Voraussetzungen für ein ungehindertes Wachstum. Alle Arten der Gattung sind laubwerfende Schlinger, die wegen ihrer spektakulären blauen Blütentrauben gezogen werden, die ab Mai erscheinen. Keine andere Kletterpflanze kann es mit der Blütenpracht der Glyzinen aufnehmen. Die Trauben werden 30 bis 100 cm lang. Die Blüten sind typische Schmetterlingsblüten mit hochstehender Fahne, seitlich ausgebreiteten Flügeln und dem zentralen Schiffchen, in dem sich Staub- und Fruchtblätter verbergen. Die Hülsenfrüchte sind zwischen den Samen etwas eingeschnürt. Ebenso wie die Blätter sind sie giftig. Die großen Blätter sind gefiedert und maigrün. Glyzinen bevorzugen sonnige Standorte und einen gut gedüngten, durchlässigen Boden. Obwohl die Blätter ziemlich trockenresistent sind, empfehlen sich regelmäßige Wassergaben im Sommer, z.B. an trockenen Südwänden. Rückschnitt ist entweder nach der Blüte oder im Spätwinter vor dem Austrieb möglich. Dabei werden die langen, letztjährigen Triebe auf 6 bis 8 Augen eingekürzt. Bei Bedarf kann noch stärker zurückgeschnitten werden, ohne die Pflanze zu schädigen. Ältere Glyzinen entwickeln auch in Mitteleuropa Samen, der im Herbst geerntet, trocken gelagert und im Frühling ausgesät wird. Allerdings garantieren nicht alle Sämlinge den Blütenreichtum der Mutterpflanzen und benötigen oft Jahre bis zur ersten Blüte. Sicherer ist daher die Stecklingsgewinnung von blühwilligen älteren Pflanzen. Stecklinge werden im August aus reifen verholzten Trieben geschnitten. Als Absenker und Ableger verwenden wir einjährige Triebe, die wellig eingegraben werden, so daß in Abständen immer wieder ein Bogen über die Bodenoberfläche ragt. Nach der Bewurzelung im Herbst werden die neuen Pflanzen getrennt.

Wisteria floribunda (Japanischer Blauregen) trägt wechselständige Blätter mit 11 bis 19 Fiederblättchen und ist etwas wärmeliebender als der chinesische Blauregen. Die Blüten sind violett, entfalten sich vom Grund der Traube zur Spitze hin und stehen in bis zu 50 cm langen Trauben. Die Sorte 'Alba' trägt duftende weiße Blüten in bis zu 60 cm langen Trauben, die im Juni aufblühen. 'Macrobotrys' ist eine violette, seit 1874 bekannte und teilweise 'Multijuga' genannte Sorte mit besonders großen Fiederblättchen (bis 10 cm) und über 1 m langen Blütentrauben. Die Art ist rechtswindend. Heimat: Japan. 1830 von Philipp von Siebold nach Belgien eingeführt.

Wisteria × *formosa* ist eine wenig bekannte Blauregen-Hybride, die an ihren zweifarbigen, blaßvioletten und malvenfarbigen Blüten zu erkennen ist. Sie ste-

An freistehenden Klettergerüsten oder an der Hauswand, Glyzinen (*Wisteria*) sind stets ein beeindruckender Blickfang.

Rechte Seite oben: Die aufgeblasenen Früchte der Balkonpflanze (*Cardiospermum halicacabum*) zerknallen gern in Kinderhänden.

Rechte Seite unten: An Spalieren, über Findlingen und im Wintergarten fühlt sich die Glockenrebe (*Cobaea scandens*) wohl.

hen in 25 cm langen Blütentrauben. Die Pflanze kann bis 25 m hoch klettern.

Wisteria sinensis (Chinesischer Blauregen) gehört zu den am meisten gepflanzten Glyzinen. Sie besitzt wechselständige Blätter mit 7 bis 13 Fiederblättchen. Die Blüten erscheinen vor den Blättern, sind schwach duftend und blühen in der Traube etwa gleichzeitig auf. Die Pflanze kann über 30 m hoch klettern. Die Sorte 'Alba' trägt weiße Blüten, 'Black Dragon' ausgesprochen große Blätter (bis 35 cm lang) und Blütentrauben in blauvioletter Farbe. Die Art ist linkswindend. Heimat: China. 1816 in Europa eingeführt und hoch geschätzt. Damals wurden Pflanzen pro Stück um 1200 DM gehandelt, wenn wir den heutigen Geldwert zugrunde legen.

Einjährige oder einjährig gezogene Kletterpflanzen

Diese Gruppe umfaßt einjährige Arten, die auch in ihrer Heimat gegen Ende der Vegetationszeit absterben und den Winter als Samen überdauern und die einjährig gezogenen Kletterer, die aus wärmeren, wintermilden Ländern kommen und jedes Jahr in ihre unterirdischen Speicherorgane einziehen. Sie sind in ihrer Heimat meist ebenfalls ausdauernd und verfügen über unterirdische Speicherorgane wie Wurzeln, Zwiebeln oder Knollen, die oft in Mitteleuropa nicht ausreichend frosthart sind. Wir können versuchen, sie ähnlich wie Dahlien aus dem Boden zu nehmen und im geschützten Keller zu überwintern. Das geht z.B. für die Quetschblume (*Thladiantha*). Für uns Gärtner bedeutet dieser Unterschied wenig, wenn wir grundsätzlich jedes Frühjahr neu aussäen. Wer aber über einen kühlen Wintergarten oder ein Gewächshaus verfügt, kann versuchen, die einjährig gezogenen Arten ganzjährig zu kultivieren. Im Freiland sind sie für die temporäre Begrünung geeignet, z.B. an Mauern oder Zäunen, wo eine dauerhafte Begrünung nicht gewünscht wird. Hinter ihnen können Wandflächen oder Klettergerüste immer wieder gestrichen werden, ohne daß es zu Schäden kommt. Meist benötigen sie nur leichte Klettergerüste, da sie nicht die Ausmaße der ausdauernden Kletterer erreichen. Sie sind rasche Lückenfüller nach einer Schnitt- oder Rodungsaktion. Man kann mit ihnen die verkahlenden unteren Abschnitte ausdauernder Kletterpflanzen verkleiden. Ihre Kultur ist einfach (siehe Kapitel Aussaat) und sie gelangen rasch zur Blüte. Unter ihnen sind einige der farbenprächtigsten Blüher überhaupt und allein deshalb sollten sie verwendet werden.

Asarina scandens

(syn. *Maurandia scandens*) Maurandie, Scrophulariaceae

Wegen der Blattähnlichkeit von »Asarum« = Haselwurz abgeleitet. Ein immergrüner Blattstielranker, der wegen seiner schönen blauen Rachenblüten an Spalieren gezogen wird. Besonders geeignet sind Drahtkletterhilfen und Gartenzäune. Die Blätter sind herzförmig, dunkelgrün und gezähnt. In unserem Klima nicht winterhart, da sie nur Temperaturen bis +5 °C verträgt. Sie wird daher als einjährige Art mit Vorkultur unter Glas gezogen. In einer Vegetationsperiode wächst sie etwa 2 m in die Höhe, sofern gut gedüngt und gewässert wird. Die Maurandie ist auch einen Versuch im Wintergarten wert, sofern dort in der kalten Jahreszeit kühle Temperaturen um 10 bis 16 °C herrschen. Vermehrung durch Samen. Heimat: Mexiko

Cardiospermum halicacabum

Ballonpflanze, Herzsame, Sapindaceae

Aus den griechischen Wörtern »kardiakos« = das Herz betreffend und »sperma« = Same zusammengesetzter Gattungsname. Die Ballonpflanze wird wegen ihrer aufgeblasenen, ballonartigen Früchte gezogen, die aus den unscheinbaren weißen Blüten entstehen. Sie sind besonders bei Kindern beliebt, da sie sich mit einem leichten Knall zerdrücken lassen. In diesen Frucht-

kugeln reifen schwarze Samen heran, die einen herzförmigen weißen Fleck tragen. Die Blätter sind aus zwei eiförmigen Fiedern zusammengesetzt. Die Pflanze klettert mit verzweigten Ranken. Der Herzsame wird im Frühling unter Glas vorkultiviert und an Spalieren ab Mai ausgepflanzt.
Die Art verträgt keine Temperaturen unter +5 °C. In der Mitte des 16. Jahrhunderts in Europa eingeführt. Heimat: Bermudas und Südosten der USA.

Cobaea scandens
Glockenrebe, Cobaeaceae

Benannt zur Erinnerung an den Jesuitenpater Cobo (1572–1659), einem spanischen Missionar, der 40 Jahre lang in Mittelamerika arbeitete. Die Glockenrebe wird im kühlen Mitteleuropa als einjährige Rankpflanze an Spalieren und Spanndrähten gezogen. Die Art klettert mit ihren Blattranken 3 bis 5 m hoch. Nach der Vorkultur unter Glas wird frühestens Ende April ausgepflanzt. Temperaturen knapp über 0 °C werden noch ertragen. Wer einen Wintergarten besitzt, kann sie auch ausdauernd kultivieren, als Kübelpflanze darf sie allerdings nie unter Wassermangel leiden, sonst vergilben rasch die Blätter und sie bietet einen häßlichen Anblick. Die großen Glockenblüten erscheinen im Juli und strömen einen eigenartigen Geruch aus. Vielleicht wirkt er attraktiv auf Fledermäuse, die in ihrer amerikanischen Heimat als Bestäuber fungieren. Um die Fruchtkapseln zu erhalten, sollten wir mit dem Pinsel die Bestäubung vornehmen. Die Blütenfarbe ändert sich von gelbgrün beim Aufblühen zu einem purpurviolett zur Narbenreife. Die Sorte 'Alba' entwickelt weiße Glocken vom August bis zum ersten Frost. In kalten Jahren und bei zu später Auspflanzung kann die Blüte ganz ausbleiben. Die Blätter bestehen aus 4 bis 6 ovalen Fiederblättchen. Die Ranke an der Blattspitze ist schön purpurfarben. Die Glockenrebe wächst in Sonne und Halbschatten gleichermaßen. Heimat: Mexiko. 1784 nach Spanien eingeführt.

Eccremocarpus scaber
Schönranke, Bignoniaceae

Die griechischen Wörter »ekkremes« = hängend und »karpos« = Frucht bilden den Gattungsnamen. Die Fruchtkapseln hängen offen an der Pflanze und lassen den reifen, geflügelten Samen durch den Wind herausschütteln. Es handelt sich um immergrüne, schwach verholzende Ranker, deren Blüten und Früchte etwas nach unten hängen. Die Röhrenblüten variieren von rot bis orange. Sie erscheinen in Trauben ab Juni-Juli. Die dunkelgrün glänzenden Blätter sind zweifach fiederschnittig und besitzen an der Spitze eine Ranke. Nur die Art *E. scaber* wird aus der Gattung als einjährige Kletterpflanze angeboten. Die Aussaat geschieht ab Februar unter Glas. Die Sämlinge werden im Mai ausgepflanzt und können bis 5 m lange Triebe entwickeln. Die Pflanze bleibt relativ zart, so daß sie sich auch für schwächere Spaliere, Zäune und Lauben eignet. Sehr gut läßt sie sich mit anderen einjährigen Kletterern wie Maurandie (*Asarina scandens*) zusammen ziehen. Das leuchtende Rot der Schönranke bildet einen reizvollen Kontrast zu dem violettblau der *Asarina*. Gartenformen sind 'Aureus' mit goldgelben, 'Carmineus' mit karminroten, 'Coccineus' mit scharlachroten und 'Ruber' mit dunkelroten Blüten. In wintermilden Gegenden wachsen die Pflanzen mehrjährig und im Stadtklima Süd- und Westdeutschlands kann man versuchen, sie durch Abdecken zu überwintern. Heimat: Chile. 1824 in Europa eingeführt.

Ipomoea
(syn. *Pharbitis*) Prunkwinde, Convolvulaceae

Von dem schwedischen Botaniker Linne aus den griechischen Worten »ips« = Wurm und »homoios« = ähnlich gebildeter Gattungsname für einige prachtvolle Schlingpflanzen, die wegen ihrer Frostempfindlichkeit in Mitteleuropa nur als einjährige Sommerpflanzen gezogen werden können. Ihre Heimat ist das tropische Mittelamerika. Die Pflanzen beeindrucken durch ihre phantastischen Blautöne, die ihre großen Trichterblüten zeigen. Gutes Wachstum erfordert einen humusreichen, gut gedüngten, durchlässigen Boden und volle Sonne. Wassergaben im Sommer sind willkommen. Ideal sind Spaliere und Spanndrähte, an Mauern und Wänden sind Kletterhilfen erforderlich. Die Vermehrung erfolgt durch Aussaat und Vorkultur unter Glas im Frühling.

Ipomoea tricolor (syn. *Pharbitis tricolor*) kommt in mehreren Sorten vor, die sich durch die Größe der oval-lanzettlichen Blätter und die Farbe der Trichterblüten unterscheiden. 1834 von dem britischen Offizier Samuel Richardson aus Mexiko nach England gesandt.

Ipomoea purpurea (syn. *Pharbitis purpurea*) ist eine stärker behaarte, in wintermildem Klima ausdauernde Art mit herzförmigen bis dreilappigen Blättern, die bis 5 m hoch klettern kann.

Lathyrus
Platterbsen, Fabaceae

Vom griechischen »lathyros« = Erbse abgeleiteter Name. Im gärtnerischen Sprachgebrauch werden die Platterbsen (*Lathyrus*) nicht eindeutig von den Wicken (*Vi-*

Wicken und Platterbsen (im Bild *Lathyrus tuberosus*) stellen zahlreiche duftende und schönblühende Arten, die an jeden Gartenzaun gepflanzt werden sollten.

cia) getrennt. Die Platterbsen sind einjährige und ausdauernde Rankenkletterer, die in sonnigen Lagen für kleinere Spaliere und Maschendrahtzäune gut geeignet sind. Die Heimat der Platterbsen ist Süd- und Mitteleuropa sowie Nordamerika. Ihre größte Zierde sind die attraktiven, häufig stark duftenden Schmetterlingsblüten in weiß, blau, rot und rosa. *Lathyrus odoratus* (Duftwicke) wird im Frühling vorgezogen oder ab Mai direkt an Ort und Stelle ausgesät. Die zauberhaften Blüten erscheinen ab Juli und eignen sich zum Schnitt. Schneiden und Düngen fördern nachhaltig den Blütenansatz. Die Pflanzen werden in einem Sommer bis zu 3 m hoch. Empfehlenswerte Sorten sind 'Vielblumige Riesentreib', 'Cuthbertson Floribunda', 'Mammut' und 'Royal'. Für den Balkongärtner geeignet sind die niedrigbleibenden (20 bis 60 cm) Rassen 'Knee Hi' und 'Little Sweetheart'. Eine ausdauernde Art ist *Lathyrus latifolius* (Staudenwicke) mit weißen, rosa und roten Blüten und geflügelten Sproßachsen. Sie blüht vom Sommer bis zum Herbst und wird danach auf Handbreite zurückgeschnitten. Die einheimische ausdauernde Platterbse *Lathyrus sylvestris* (Waldplatterbse) besitzt blaßrote Blüten und ist nur für den Naturgarten interessant. Sie wächst gern in lichten Wäldern und in Waldsäumen. Ähnlich wie bei der schön rosablütigen *Lathyrus tuberosus* (Knollenplatterbse) dürfte sich der Samen aber nur aus Botanischen Gärten beschaffen lassen. Vermehrung aller Platterbsen durch Samen, die ausdauernden Arten auch durch Teilung im Frühling. Die Knollenplatterbse besitzt Wurzelknollen, die zur Vermehrung genutzt werden können. Sie sind sogar eßbar und wurden früher gesammelt. In nassen Sommern kann es Probleme mit Pilzkrankheiten wie Mehltau und Grauschimmel geben. Vorbeugung ist durch windexponierte Pflanzung möglich.

Die brennend roten Blüten der Feuerbohne (*Phaseolus coccineus*) versprechen schmackhafte Hülsenfrüchte.

Phaseolus coccineus

(syn. *Phaseolus multiflorus)* Feuerbohne, Fabaceae

Das griechische Wort »phaselos« = Schwertbohne bildete den Gattungsnamen unserer Gartenbohnen, die alle aus Süd- und Mittelamerika stammen. Bereits in vorkolumbianischer Zeit wurden Stangenbohnen (*P. vulgaris* var. *vulgaris*) und Feuerbohne von Indianern angebaut. Als Wildart gilt *P. aborigineus*, die noch heute in den Anden vorkommt. Alle sind linkswindende Schlingpflanzen. Die Feuerbohne wird wegen ihrer Frostempfindlichkeit einjährig gezogen, obwohl sie in ihrer Heimat ausdauernd ist. Sie kann in einem Sommer über 4 m hoch schlingen. Geeignete Kletterhilfen sind Stangen, Spanndrähte und Spaliere. Die roten Schmetterlingsblüten erscheinen in Trauben von Juni bis August und bringen die eßbaren Bohnen in bis zu 20 cm langen Hülsen hervor. Ihr Verzehr ist allerdings nur gekocht ratsam, weil die Samen den Giftstoff Phasin enthalten. Der Standort muß vollsonnig bei guter Wasserversorgung sein.

Quamoclit lobata

(syn. *Mina lobata*) Mina-Prunkwinde, Sternwinde, Convolvulaceae

Aus dem mexikanischen Wort »quamochitl« entlehnt. Die in ihrer mexikanischen Heimat ausdauernde Schlingpflanze

Minaprunkwinde (*Quamoclit lobata*) zieht als Dauerblüher alle Blicke auf sich.

wird in Mitteleuropa als einjähriger Sommerblüher kultiviert. Von Juli bis September zieht sie durch kurzlebige, aber stets neu gebildete orangegelbe Blüten die Blicke auf sich. Sie stehen in bis zu 40 cm langen Wickeln. Die Blätter sind dreiteilig mit herzförmigen Blattgrund. Die Prunkwinde kann gut an Klettergerüsten, Spanndrähten und Pergolen gezogen werden und verlangt einen sonnigen bis halbschattigen Standort in stets feuchter, gut gedüngter Gartenerde. Vermehrung durch Aussaat und Vorkultur unter Glas im Frühling.

Rhodochiton volubile

(syn. *R. atrosanguineum*) Rosenmantel, Rosenkelch, Scrophulariaceae

Aus den lateinischen Worten für Rose »rhodon« und Kleid »chiton« zusammengesetzter Name, der sich auf den rosenroten Kelch bezieht, der die ebenfalls rote Blütenkrone einhüllt. Die Gattung enthält nur eine immergrüne Art. Die röhrenförmige Krone ist etwa 5 cm lang und von einem eigenartigen schwarzpurpurnem Rot. Die Blüten sind hängend und stehen einzeln in den Blattachseln. Ihre auffällige Form und Farbe kontrastieren schön zu den dunkelgrünen, herzförmigen Blättern. Die Blütezeit ist von August bis Oktober. Der Rosenmantel verlangt einen sonnigen, geschützten Gartenplatz in guter humoser Erde.
Vorkultur unter Glas und Auspflanzen erst im Mai, da Temperaturen unter +5 °C nicht ertragen werden. Heimat: Mexiko.

Thunbergia alata

Schwarzäugige Susanne, Acanthaceae

Benannt nach Carl Peter Thunberg (1743–1822), einem schwedischen Arzt und Botaniker, umfaßt die Gattung einjährige und ausdauernde immergrüne Schlinger, die wegen ihrer schönen Blüten kultiviert werden. Die Schwarzäugige Susanne verträgt keine Temperaturen unter 10 °C und wird deshalb jedes Jahr neu aus Samen gezogen. Ihre Blüten sind goldgelb mit einem pechschwarzen Schlund. Die herzförmigen Blätter sind grob gezähnt und sitzen an behaarten Achsen. Es gibt einige Farbvarietäten, z.B. 'Alba' mit weißen Blütenblättern bei schwarzem Schlund, die völlig weiße 'Bakeri' und 'Aurantiaca' eine orangerote Blüte mit brauner Mitte.
Gut gedüngte, humose Gartenerde, Sonne bis Halbschatten und genügend Wasser im Sommer garantieren dauerhaftes Blühen und Wachsen bis zu 3 m Höhe an Klettergerüsten von Ende Mai bis zum Herbst. Heimat: Südostafrika, heute in den tropischen Ländern weltweit verwildert.

Tropaeolum

Kapuzinerkresse, Tropaeolaceae

Die Verkleinerung des lateinischen »tropaeum« = Trophäe gab der Gattung ihren Namen. Sie umfaßt etwa 90 einjährige und ausdauernde Arten aus den südamerikanischen Anden, die mit ihren Blattstielen klettern. Alle bei uns verwendeten Arten sind nicht frosthart und werden deshalb aus Samen als Einjährige gezogen. Die Aussaat unter Glas darf nicht zu früh erfolgen, weil die Pflanzen rasch wachsen und vergeilen, wenn sie nicht bald ins

Freiland gesetzt werden können. Alle lieben die Sonne und einen krümeligen Gartenboden.

Tropaeolum majus (Gemeine Kapuzinerkresse) ist die am häufigsten angebaute Kapuzinerkresse und eignet sich gleichermaßen gut als Bodendecker und Kletterpflanze. Ihre Triebe erreichen in einem Sommer bis 3 m Länge. Sie wächst an Spanndrähten und Spalieren. Ihre großen rot-gelben Blüten erscheinen ab Juli und bald kann man die ersten grünen Früchte sehen, die ebenso wie die Blüten eßbar sind. Ihre Blätter sind langgestielt und schildförmig. Neben der normalen Kapuzinerkresse gibt es die schwach wüchsige und niedrig bleibende 'Nanus', die eher als Bodendecker geeignet ist. Ähnlich ist es mit den 'Bunten Juwelen' und den 'Whirlybird Mischungen', die neuerdings angeboten werden. Weiß gefleckte Blätter zeigt die Sorte 'Alaska'. Heimat: Südamerika.

Tropaeolum peregrinum, syn. *T. canariense,* (Kanarische Kapuzinerkresse) ist ein reizvoller Kletterer und Dauerblüher bis 2 m Höhe, der durch seine auffallenden, zitronengelben Blüten hervorsticht. Die Blüten sind fast zweilippig, die beiden oberen Blütenblätter gefranst. Sie erscheinen ab Mai und werden stets aufs neue bis zum ersten Frost gebildet. Die Blätter sind graugrün und fünflappig. Die Früchte ähneln denen von *T. majus.* Die Art eignet sich ausgezeichnet zum raschen Begrünen von Spalieren, Zäunen und Balkonen. Sie wächst gut in Gemeinschaft mit Prachtwinden (*Ipomoea*) und Glockenreben (*Cobaea scandens*). Jeder gute Gartenboden wird angenommen, allerdings reagiert sie auf Trockenperioden schnell mit welken Blättern, so daß stets auf ausreichende Feuchtigkeit geachtet werden muß.

Tropaeolum speciosum (Schöne Kapuzinerkresse) wird im wintermilden Westeuropa als ausdauernde Art gepflanzt und an Eibenhecken gesetzt. Dort kommen ihre scharlachroten Blüten vor dem dunklen Hintergrund der Nadelblätter besonders gut zur Geltung. Die Früchte sind blau und werden von einem dunkelroten Kelch umgeben. Die Blätter sind sechslappig und blaugrün. Ähnlich wie *Clematis* liebt sie einen schattigen Wurzelraum, der im Winter mit Laub oder Reisig abgedeckt wird. In Deutschland wird sie einjährig oder als Wintergartenpflanze gezogen. Man kann ihre knolligen Wurzeln aber auch herausnehmen und in feuchtem Sand im kühlen Keller überwintern. 1846 aus ihrer chilenischen Heimat nach Europa eingeführt.

Die schwarzäugige Susanne (*Thunbergia alata*) fühlt sich auch in Pflanzenkübeln auf Balkonen wohl.

Kauf, Pflanzung und Pflege

Kauf

Kletterpflanzen werden heute nicht nur in Baumschulen angeboten, sondern sind auch in zahlreichen Gartencentern und Baumärkten zu erwerben. Ich empfehle stets den Kauf in einer gut geführten Baumschule, wo die Verkäufer Gärtner sind und ihre Empfehlungen an den ratsuchenden Kunden weitergeben können. Sollten Sie aber den anonymen Selbstbedienungskauf bevorzugen, so achten Sie unbedingt auf Verletzungen an der Pflanze, auf Schädlinge und Ballenfeuchtigkeit, um keine Enttäuschungen zu erleben. Beurteilen Sie die Pflanze nicht nur nach ihrer Größe, sondern auch nach der Vielzahl ihrer Verzweigungen, dem eventuellen Blütenansatz und der Grünfärbung ihres Laubes. Heute werden Containerpflanzen überall angeboten. Sie können zu allen Jahreszeiten gepflanzt werden, sind aber deutlich teurer als ballenlose Pflanzen. Containerlose Ware wird im Frühling und Herbst auf Bestellung des Kunden von den Baumschulen aus dem Boden gegraben und sofort wieder eingepflanzt oder im Kühlhaus bereitgehalten. Ihre Verwendung bereitet zur Pflanzzeit im Frühling oder Herbst keine Probleme. Kaufen Sie billige Angebote nur nach eingehender Prüfung, denn gerade bei langlebigen Kletterpflanzen wie Glyzinen oder Kletterhortensien macht sich eine etwas höhere Anfangsinvestition in Qualität im Lauf der Jahre mehr als bezahlt.

Die besten Erfahrungen wird man mit Pflanzen machen, die in örtlichen Baumschulen gezogen und bereits an Klima und Boden gewöhnt sind. Sie sind in aller Regel auch frosthart. Der Versandhandel kann dem Liebhaber darüberhinaus Besonderheiten bieten, die sonst nicht erhältlich sind, die aber eventuell aus England kommen und im mitteleuropäischen Winter versagen. Angesichts der Kosten tut man gut daran, sich über die Winterhärte ausgefallener Sorten vorher zu informieren. Auch in Gattungen, die normalerweise ausreichend winterhart sind, gibt es Arten oder Sorten, die keinen Frost vertragen. Dies gilt z.B. für einige besonders attraktive Waldreben (*Clematis armandii, C. cirrhosa, C. paniculata*).

Pflanzung

Pflanzen mit Ballen werden zuhause noch einmal auf ausreichende Feuchtigkeit geprüft und im Zweifelsfalle ein paar Stunden in einen Wasserbottich gestellt, damit sich der Ballen aufsättigen kann. Dann wird das Pflanzloch ausgehoben. Sollte der Boden zu nass oder gefroren sein, so verschieben wir das Pflanzen bis trockenere frostfreie Wetterverhältnisse herrschen. Die Kletterpflanzen werden so lange eingeschlagen, d.h. ihre Wurzeln werden mit feuchtem Sand oder Boden dick bedeckt, so daß Frost und Trockenheit keinen Schaden anrichten können. Bei geeigneten Bedingungen gehen wir wie folgt vor:

1. Wir wählen einen Platz, der der Kletterpflanze Entwicklungsmöglichkeiten bietet. Bei freistehenden Klettergerüsten ist das unmittelbar am Fuß des Gerüsts. An Mauerfüßen und besonders unter Dachüberständen kann diese Stelle aber wegen zu großer Trockenheit ungeeignet sein. Wir halten also Abstand und wählen eine 60 bis 80 cm entfernte Pflanzstelle, die mehr dem Regen ausgesetzt ist. Von dort wird die Pflanze über Kletterhilfen an die Wand herangezogen.

2. Das Pflanzloch wird großzügig ausgehoben, wenn möglich doppelt so breit und tief wie der Wurzelballen. Stellen wir dabei Staunässe fest, so wird der Boden des Lochs zusätzlich mit der Spitzhacke angerissen und darauf eine Dränageschicht aus 10 cm groben Kies gelegt. Darüber eine Lage Feinerde. Bevor die Pflanze in das Loch kommt, prüfen wir den Aushub auf seine Qualität. Häufig wird man ihn mit Sand, reifem Humus aus Kompost, Laub oder Rinden verbessern. Gerade auf Neubaugrundstücken erweist er sich wegen hoher Bauschuttanteile oft als gar nicht brauchbar und sollte nicht zum Verfüllen des Pflanzlochs genommen werden. Wir mischen uns dann eine Pflanzerde aus Bodenaushub von geeigneter Stelle mit Humus- und Sandzugaben.

3. Die Wurzeln werden geprüft und verletzte Wurzeltriebe mit der scharfen Schere abgeschnitten. Der Ballen von Containerpflanzen wird nicht zerstört, sondern aus dem Container gezogen und in das Pflanzloch gelegt. Sind die Wurzeln sichtbar, so werden sie gleichmäßig im Pflanzloch verteilt. Die Pflanze sollte soweit im Boden stehen, wie sie vorher in der Baumschule gestanden hat.

4. Der verbesserte Aushub wird in das Pflanzloch gefüllt, wobei darauf zu achten ist, daß keine größeren Hohlräume entstehen. Das Pflanzloch wird nicht überhöht angeschüttet, sondern nur auf Höhe der Bodenoberfläche. An Hängen ist oft ein Gießrand günstig, der aus überschüssigem Bodenaushub kreis- oder halbkreisförmig um das Pflanzloch angelegt wird und ein zu rasches Abfliessen des Gießwassers verhindert.

5. Die Pflanzen werden mit ein bis zwei Kannen Wasser angegossen, wobei Regenwasser stets der Vorzug zu geben ist. Hierbei schlämmt das Bodensubstrat ein und schafft eine Verbindung zwischen Pflanzloch und umgebenden Boden.

6. Unbedingt empfehlenswert ist eine Mulchschicht, die nicht dicker als 5 bis 10 cm auf den angefüllten Boden aufgebracht wird. Sie verhindert ein Verschlämmen und nachfolgendes Verdichten des Bodens um die neugesetzte Pflanze. Sie fördert das Bodenleben durch ihre isolierende und feuchtigkeitserhaltende Wirkung. Bei ihrer langsamen Zersetzung werden Nährstoffe frei, die der jungen Kletterpflanze zugute kommen. Geeignet als Mulch sind Kompost, Rindenhumus, Laub und Rasenschnitt. Torf werden wir aus Gründen des Naturschutzes heute nur noch bei kalkfliehenden Moorbeetpflanzen verwenden, unter denen sich aber keine geeigneten Kletterpflanzen befinden. Rindenmulch kann als Ersatzstoff für Torf eingesetzt werden, verlangt aber dann eine stickstoffbetonte Düngung nach der Pflanzung.

7. Kletterpflanzen benötigen meist einen Stock, an dem sie die ersten Dezimeter ihres Lebens emporklimmen. Oft sind sie bereits daran befestigt, wenn wir sie kaufen. Er wird nun so gerichtet, daß er die Pflanze sicher zum Klettergerüst leitet. Es hat sich bewährt, seine Spitze mit Bindedraht fest am Spalier zu befestigen. Eventuell ist die junge Pflanze mit einer Drahthose gegen versehentlichen Tritt, gefräßige Kaninchen und Hundegeschäfte zu schützen. Die Drahthose wird aus verzinktem Kaninchendraht gebogen und muß so großzügig im Durchmesser sein, daß die Kletterpflanze nicht eingeschränkt oder wundgescheuert wird.

Aufbau einer optimalen Pflanzstelle.

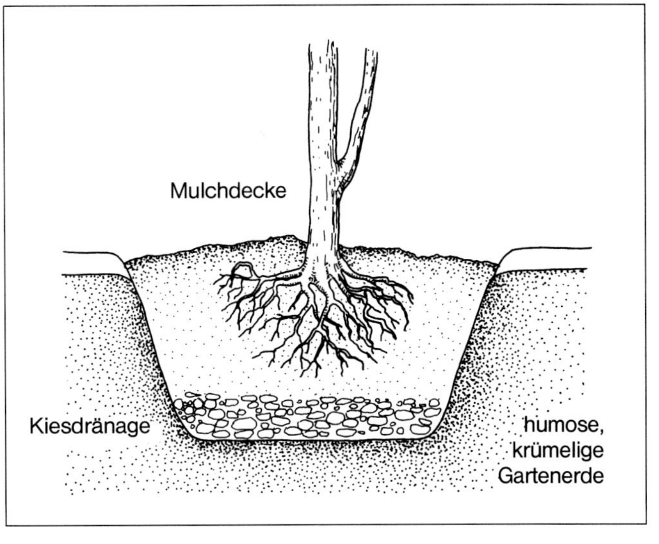

Starkwüchsige Kletterpflanzen müssen schonend an den Gerüsten festgebunden werden. Das Dickenwachstum darf nicht behindert sein.

Anwachsphase, Festbinden und Ausgeizen

In den ersten Wochen nach der Pflanzung achten wir verstärkt auf ausreichende Bodenfeuchtigkeit. Die Düngung darf in dieser Anfangsphase nur wohldosiert und vorzugsweise organisch vorgenommen werden. Kompost, Hornspäne, auch Brennesseljauche haben sich bewährt. Später kann dann auch mit mineralischen Volldüngern gearbeitet werden. Kletterpflanzen entwickeln bereits früh meterlange Triebe, die an der Unterlage befestigt werden müssen, sofern sie nicht über Haftwurzeln oder Haftscheiben verfügen. Wir verwenden Bindedraht oder Gartenband aus Kunststoff. Es wird nur locker gebunden, die Pflanzen nicht festzurren. Das Dickenwachstum ihrer Triebe darf nicht eingeengt werden. Die Sproßachsen von Glyzinen oder Kletterrosen können in wenigen Jahren mehrere Zentimeter Durchmesser erreichen. Stets sollten Sie auf eine flächige Befestigung achten, um ein Einschneiden in die Rinde zu vermeiden. Kletterpflanzen streben rasch in die Höhe. Wenn eine frühzeitige Verzweigung gewünscht wird, um den unteren Teil des Klettergerüstes gleichmäßig zu begrünen, ist ein Ausgeizen der Triebspitzen nötig. Dazu werden mit der Gartenschere oder dem Messer die jüngsten Achsenabschnitt unmittelbar oberhalb einer Blattansatzstelle abgetrennt. Durch diese Maßnahme wird die apikale Dominanz der Triebspitze gebrochen und die Seitenachsen können reichlich austreiben.

Schnittmaßnahmen

Werden Klettergehölze älter, so verkahlen sie oft unten und tragen oben ein nestartiges Gewirr aus alten und jungen Achsen. Dann ist ein Rückschnitt angebracht. Manche Arten reagieren mit einer üppigen Blütenfülle auf einen Schnitt. An älteren Glyzinen (*Wisteria*) und Klettertrompeten (*Campsis*) sollten wir jedes Jahr die jüngsten Achsen einkürzen, um den sommerlichen Flor zu vergrößern. Stets sind scharfe Gartenscheren zu verwenden, die glatt und ohne Ausfasern und Reißen schneiden. Immer wird knapp oberhalb einer Knospe (Auge) geschnitten, größere Wunden werden mit Baumwachs geschlossen. Sägen müssen nur bei stark verholzenden älteren Pflanzen eingesetzt werden. Ihre Schnittfläche muß durch ein scharfes Gärtnermesser geglättet und mit Wundbalsam verschlossen werden. Ausfasernde Rinde ist in jedem Fall zu entfernen, da sie genau wie Zweigstummel zu schlechter Wundheilung und Krankheiten führen kann.

Starkwachsende Arten wie Pfeifenwinden und Schlingknöterich werden bis auf die Hälfte zurückgeschnitten. Die früh blühenden *Clematis* werden nach der Blüte im Sommer, die später blühenden vor dem Austrieb im Frühjahr zurückgestutzt. Ähnlich verfährt man mit der Klettertrompete, während für die Glyzinen am besten ein Rückschnitt nach der Blüte im Sommer durchgeführt wird. Allgemein läßt sich sagen, daß die Frühlingsblüher ihre Knospen bereits im Vorjahr entwickelt und ausgereift haben, so daß ein Winterschnitt sie ihrer Blütenpracht berauben würde. Bei ihnen ist also grundsätzlich nach der Blüte zu schneiden. Bei den Sommerblühern wachsen die Knospen dagegen im Frühling des gleichen Jahres, so daß hier ein Winterschnitt ohne abträgliche Folgen für die Blüte bleibt, ja oft sogar ihren Reichtum vermehrt. Wo immer möglich, sollten wir auf den Schnitt ganz verzichten und die Pflanzen in ihrem natürlichen Wachstum belassen. Nur wenn Platzgründe, Überalterung, Krankheiten oder Spaliere einen Schnitt erfordern, greifen wir zur Schere. Die speziellen Ansprüche der Arten sind im Kapitel »Die schönsten Kletterpflanzen und ihre Kultur« dargestellt.

Wasser

Alle ausdauernden Kletterpflanzen sind, ökologisch gesehen, Wald- oder Waldrandpflanzen und möchten entsprechend behandelt werden. Besonders für *Clematis* aber auch für andere gilt »Kopf in der Sonne, Füße im Schatten !« Alle Schlinger brauchen Licht, um befriedigend blühen und fruchten zu können. Doch niemals darf ein Übermaß an Strahlung und Wärme zum Austrocknen ihres Wurzelraums führen. Bereits bei der Pflanzung wird man dies berücksichtigen und nicht zu dicht an Hauswände pflanzen, die durch einen Dachüberstand austrocknungsgefährdet sind. Wir setzen die Pflanze in den Regenbereich und ziehen sie an Spalieren zur Hauswand hin. Droht dennoch Trockenheit, so muß regelmäßig gegossen werden. Ein beim Pflanzen eingegrabenes, in den Wurzelraum führendes Dränagerohr führt Wasser rascher zu den Wurzeln und verringert die Verdichtung und Verschlämmung im Bereich des Wurzelhalses. Grundsätzlich sind alle Kletterpflanzen dankbar für Wässerung in der warmen Jahreszeit. Auf tonigen Böden oder durch Baumaßnahmen verdichteten Sohlen ist aber eine Kontrolle der Staunässe erforderlich. Staunässe im Wurzelraum ist ebenso schädlich wie Trockenheit und führt zu Wurzelfäule. Stellt man verdichtete Bodenverhältnisse fest, so mischt man bereits bei der Pflanzung bis zu 30 % Sand und Humus zu, gräbt tiefe Pflanzlöcher, deren Sohlen mit der Hacke gelockert werden und schafft eventuell sogar eine Dränageschicht aus 5 cm Kies unter dem Pflanzhorizont.

Boden

Jeder Gärtner weiß, was einen guten Boden kennzeichnet: Eine dunkle Farbe und eine krümelige Konsistenz. Solche Böden sind z.B. in den Lößlandschaften der Hildesheimer- und Magdeburger Börden zu finden. Die meisten von uns werden aber oft mit weniger zufrieden sein müssen, gerade bei der Neuanlage eines Gartens nach dem Neubau, wo man häufig aus räumlichen oder finanziellen Gründen gezwungen ist, mit dem vorlieb zu nehmen, was der Standort bietet, kann man durchaus versuchen, durch entsprechende Zuschläge die Bodenart zu verbessern. Kletterpflanzen benötigen einen gut nährstoffversorgten, nicht staunassen, humosen Gartenboden. Mit einigen einfachen Beobachtungen und Proben können wir bereits

Spaliere schützen die Hauswand und werden mit nicht selbstklimmenden Arten bepflanzt. Im Regenschatten hilft das Dränagerohr Gießwasser direkt zum Wurzelraum zu führen.

viel über den anstehenden Boden aussagen: Sein Humusgehalt spiegelt sich in der dunklen Farbe wieder. Je schwärzer um so humusreicher. Durch jahrelange Kompostwirtschaft, Mulchen und Zugabe von Rindenhumus können wir den Humusanteil stetig erhöhen. Ein hoher Humusgehalt verbessert die Durchlüftung des Bodens, stellt eine Nährstoffreserve dar und führt zu rascherer Erwärmung im Frühling. Für die Wasserhaltekraft des Boden ist die Korngrößenzusammensetzung verantwortlich. Wir unterscheiden drei Korngrößen: Sand, Schluff und Ton. Lehm ist ein ton- und schluffreiches Gemisch der einzelnen Fraktionen. Sandige Böden sind gegen Staunässe gefeit, leiden aber unter rascher Austrocknung. Schluffige und tonige Böden (Lehme) trocknen nicht so rasch aus, neigen aber zur Staunässe und erwärmen sich langsam. Es kommt also auf die richtige Mischung aller drei Fraktionen und des Humusanteils an. Eine einfache Fingerprobe verschafft dem Gärtner bereits Informationen über seine Bodenart: Eine feuchte Erdprobe wird zwischen Zeigefinger und Daumen gerollt. Läßt sie sich zu kleinen Würsten bis Bleistiftstärke ausrollen, so haben wir einen schluffigtonigen Lehm vor uns. Ein vorsichtiger Biß in einen winzigen Probenanteil zeigt uns das Fehlen oder Vorhandensein von Sandkörnern an. Läßt sich der Boden unter Bleistiftstärke zu feinen Drähten rollen, so deutet dies auf einen sehr hohen und wahrscheinlich ungünstigen Tonanteil hin. Zerfällt die Bodenprobe völlig, so herrscht ein hoher Sandanteil vor. Entsprechend dieser Fingerprobe muß Lehm (Ton und Schluff) oder Sand zugesetzt werden, um ausgeglichene Bodenverhältnisse zu erreichen.

Mulchen und Düngung

Um die Verdunstung zu vermindern, auflaufendes Unkraut zu stören und ein aktives Bodenleben zu fördern, empfiehlt sich mehrfaches Mulchen während der Vegetationsperiode. Geeignet dafür ist Rasenschnitt, reifer oder halbreifer Kompost und Rindenhumus. Torf sollten wir nur noch dort verwenden, wo er unersetzlich ist, z.B. im Moorbeet für Ericaceen. Der braune, wenig zersetzte Rindenmulch ist mit Fingerspitzengefühl einzusetzen, nicht alle Arten vertragen ihn problemlos. Kommt es zu Chlorosen (Gelbfärbungen der Achsen und Blätter) oder Kümmerwuchs nach der Ausbringung einer Rindenmulchdecke, so kann dies am Rindenmulch liegen, der bei seiner Zersetzung die Nährstoffsituation im Boden ungünstig beeinflußt. Selbstverständlich können die herabfallenden Blätter im Herbst zur Winterabdeckung verwendet werden. Sie schützen in dichteren Lagen gegen ein zu tiefes Eindringen des Frostes in den Wurzelraum und vermindern damit die Gefahr der Frosttrocknis. Mulchen mit Kompost und Rindenhumus bedeutet stets auch eine kräftige Düngung für die Pflanzen, was erwünscht ist, denn alle Kletterpflanzen benötigen als schnellwüchsige Arten eine ausreichende Nährstoffversorgung. An Düngung ist daher mehrfach im Jahr zu denken. In vielen Fällen wird ein humoser, dunkler und krümeliger Gartenboden bereits die besten Voraussetzungen für ein befriedigendes Wachstum bieten, insbesondere, wenn regelmäßig gemulcht wird. Steht kein Kompost oder Rindenmulch zur Verfügung, so ist eine Düngung vor dem Austrieb im Frühling mit einem organischen oder mineralischen Volldünger für alle Arten empfehlenswert. Eine zweite Düngung geschieht im Sommer, doch nicht später als Anfang August, um Frostschäden an nicht ausgereiften Neutrieben zu vermeiden. Überdüngung kann auch zum richtigen Termin zu Schäden an Pflanzen führen. Wir richten uns daher genau nach den angegebenen Dosierungen. Wer unsicher ist, sollte von vornherein auf die schwerlöslichen organischen Dünger ausweichen. Hornspäne, Knochenmehl, Kompost, Rizinusschrot, Rinderdung und technisch hergestellte organische Dünger wie Nitralit stellen eine langsam fließende Nährstoffquelle dar, die erst durch die abbauenden Mikroorganismen im Boden ihre

Wirkung entfaltet. Eine schädliche Überdüngung ist praktisch ausgeschlossen. Um ein Bild über die Nährstoffsituation im Gartenboden zu bekommen, kann eine Bodenanalyse vorgenommen werden. Sie wird von landwirtschaftlichen Untersuchungsämtern und privaten Bodenlabors durchgeführt. Einige Bodenuntersuchungslabors sind im Anhang angegeben. Darüberhinaus gibt es gerade in Universitätsstädten weitere kleinere Bodenlabors, die im Telefonverzeichnis aufgeführt sind.

Die Kosten richten sich nach dem Umfang der Analysen, d.h. wie viele Proben und Nährstoffe bestimmt werden sollen. Eine umfassende Analyse kann recht teuer werden und man sollte sich vorher über die Kosten informieren. Billiger geht es mit den Testssets, die im Gartenfachhandel angeboten werden. Sie können wiederholt und im Abstand von einigen Jahren Auskunft über die Bodennährstoffe geben, verlangen etwas Laborgeschick und machen weniger umfassende Angaben.

Pflanzenschutz

Integrierter Pflanzenschutz

Um Schäden an Kletterpflanzen vorzubeugen, muß der Hobbygärtner Klima und Boden am Pflanzort beachten und die richtige Sortenwahl treffen. Bei diesem Vorgehen studiert man Ratgeber wie das vorliegende Buch, blättert in Gartenzeitschriften und fragt beim Kauf der Pflanzen in guten Baumschulen nach. Auch Botanische Gärten geben in der Regel bereitwillig Auskunft. Eine geeignete Sorte am richtigen Platz verringert deutlich den Schädlingsbefall oder Pflanzenkrankheiten. Sollte es dennoch einmal dazu kommen, so wäre es völlig falsch, in Hektik zu verfallen und das erstbeste Mittel zu spritzen. Die Ideen des integrierten Pflanzenschutzes, die aus der modernen Landwirtschaft stammen, haben heute auch im Gartenbereich Einzug gehalten. Die Ausbreitung einer Pilzerkrankung oder der Befall durch Blattläuse wird zunächst beobachtet, die Schadensursache sicher festgestellt und eine Bekämpfung erst nach Abwägen zwischen Aufwand und Nutzen eingeleitet. Es ist besser, eine mehltauanfällige Kletterrose gegen eine resistentere auszutauschen, als jedes Jahr in der Vegetationsperiode mehrfach mit Pilzmitteln zu sprühen. Andererseits sind alle Rosen mehr oder weniger durch Mehltau (*Sphaerotheca*) gefährdet und ein Befall in einem Jahr, der witterungsbedingt verursacht ist, braucht sich in anderen Jahren nicht zu wiederholen. Schädlinge und Krankheiten sind Teil unserer Lebenswelt, die wir akzeptieren müssen. Nur der grün gestrichene Beton leidet nicht unter Verunkrautung und nur die Plastikkletterrose ist sicher resistent gegen Mehltau. Machen wir uns das Leben nicht unnötig schwer und verlangen den schädlingsfreien Garten. Schaffen wir statt dessen gute Standortbedingungen in einer geeigneten Umgebung und wir haben die besten Voraussetzungen für ein gesundes Pflanzenwachstum.

Häufige Schädlinge, Krankheiten und Nützlinge

Sternrußtau (*Diplocarpon*) tritt bei allen Rosen mehr oder weniger in der zweiten Sommerhälfte auf und muß meist toleriert werden. Neben dem erwähnten Echten Mehltau (*Sphaerotheca*)wird man in nassen Sommern auch immer wieder einmal Falschen Mehltau (*Peronospora*), Rostpilze (z.B. *Phragmidium*) und Grauschimmel (*Botrytis*) beobachten können. Alle Pilzerkrankungen sollten Anlaß sein, zu prüfen, ob Sorte und Standort der Kletterpflanze richtig gewählt worden sind. Blattläuse (*Aphidina*) treten bei wechselhaften Witterungsverläufen zu bestimmten Jahreszeiten immer wieder auf, werden aber von vielen Kletterpflanzen ohne größere Schäden toleriert und normalerweise durch Nützlinge reduziert. Spinnmilben (z.B. Rote Spinne *Metatetranychus*) und die *Clematis*-Welke hervorrufenden Pilze (*Coniothyrium*) befallen bevorzugt zu trocken stehende Pflanzen. Die Gemeine Spinnmilbe (*Tetranychus urticae*) befällt an heißen Hauswänden gern Hopfen und Weine. Die Raupen des Rosenwicklers (*Cacoecia*) können junge Blätter und Triebe schädigen. Nicht selten stellen sich Kohlweißlingsraupen (*Pieridae*) an den verschiedenen Kapuzinerkressen ein, die manchmal auch Blattläuse wie magisch anziehen. Vorkommen können weiterhin die dunkle Brennflecken erzeugende Blattfleckenkrankheit (Pilze der Gattung *Ascochyta*), bevorzugt an Wicken und anderen Schmetterlingsblütlern, die silbernen Sprenkelungen der saftsaugenden Thripse (*Thysanoptera*, Blasenfüße), Fraßschäden durch Ohrwürmer (*Dermaptera*) und Wurzelschäden durch Wurzelälchen (Nematoden). In allen Fällen ist eine chemische Bekämpfung möglich, meist aber überflüssig, weil die Pflanzen aus eigener Kraft darüber hinweg kommen. Ein Eingreifen können Wühlmäuse (*Arvicola*) nötig machen, die durch Wurzelfraß wertvolle Kletterpflanzen schädigen. Sie sind zuverlässig nur durch Quiritox-Köder zu bekämpfen, die direkt in ihre unterirdischen Gänge gelegt werden. Auch eingegrabene Wassereimer sind wirksam, leider finden sich in ihnen aber auch Nützlinge wie die zu schützenden Spitzmäuse. Vorbeugend werden Kaiserkronen- und Wolfsmilchpflanzungen (*Fritillaria imperialis* und *Euphorbia lathyris*) empfohlen, doch ist deren Wirksamkeit umstritten.

In den letzten Jahren werden verstärkt Nützlinge angeboten, die gezielt gegen Schädlinge eingesetzt werden können. Diese Schlupfwespen, Gallmücken, Raubwespen, Marienkäfer und Florfliegen können allerdings nur in Gewächshäusern und Wintergärten eine Wirkung erzielen, da sie passende Lebensbedingungen benötigen und in ausreichender Anzahl gegenüber dem Schädling vorhanden sein müssen. Ihre Umgebung muß klimatisch einigermaßen stabil sein und ein gleichbleibendes Nahrungsangebot gewährleisten. Das Freiland ist für sie nicht geeignet. Im Wintergarten sind sie besonders gegen Weiße Fliege, Blattläuse und Spinnmilben einen Versuch wert. Versand und ausgebracht werden die Nützlinge als auf Kärtchen geklebte parasitierte Schädlingslarven, Puppen oder fertiges Insekt. Sie werden zwischen die befallenen Pflanzen gelegt oder gehängt. Um erfolgreich die nicht ganz billige und etwas aufwendige biologische Bekämpfung mit Nützlingen durchzuführen, sollten sich Interessenten in Fachgeschäften beraten lassen.

Pflanzenschutzmittel

Sollte es trotz aller vorbeugenden Maßnahmen und richtiger Sortenwahl zu einem Befall kommen, der ein Eingreifen erforderlich macht, so kann man heute auf ein breites Sortiment von Pflanzenschutzmitteln zurückgreifen. Die Auswahl sollte sich nach den Gegebenheiten richten, d.h. minder giftigen Mitteln muß im Innenbereich (Kletterpflanzen in Wintergärten) der Vorzug gegeben werden. Nie sollte man chemische Mittel einsetzen, wenn Bienen oder Kinder in der Nähe sind. Alternativ stehen sogenannte biologische Mittel zur Verfügung, die weniger schädlich, aber oft nur vorbeugend wirksam sind, während die chemischen meist rasch wirken, aber giftig oder ätzend sind. In den Tabellen werden nur biologische Mittel genannt, da die Zulassung von chemischen Pflanzenschutzmitteln einem steten Wandel unterliegt und ihre Einsatzmöglichkeiten in den einzelnen Bundesländern unterschiedlich geregelt sind. Auskünfte über die jeweils geltenden Bestimmungen erteilen die Pflanzenschutzämter und der Fachhandel.

Herbizide, Abgase, Streusalz und Holzschutzmittel

Unkrautvernichtungsmittel haben im privaten Hobbygarten ausgespielt, seitdem über die mit ihnen verbundenen Nebenwirkungen auf Gesundheit und Wasserversorgung der Bevölkerung mehr bekannt geworden ist. Letztlich sind alle Unkrautprobleme im Hausgartenbereich durch mechanische Beseitigung zu erledigen und wir können auf die chemische Keule verzichten. Wer sich nicht davon trennen kann, z.B. bei der müßigen Moosbekämpfung im Rasen, sollte bedenken, daß Herbizide oft ungewollt auf Kletterpflanzen wirken, z.B. wenn Rasendünger, die Unkrautvernichter enthalten, zu sorglos ausgebracht und mit Regen- oder Gießwasser in den Wurzelbereich der Kletterpflanzen geschwemmt werden. Verwachsene und deformierte Triebe und Blätter

Pilzliche Schädlinge	Biologisches Mittel
Echter Mehltau Falscher Mehltau	Lecithin, Schwefel, Ackerschachtelhalmbrühe Ackerschachtelhalmbrühe, Kupferkalkspritzbrühe
Sternrußtau	Oscorna-Pilzvorbeuge (Heilkräuter + Schwefel)
Blattfleckenkrankheit	Kupferkalkspritzbrühe
Rost	Ackerschachtelhalmbrühe, Rainfarnbrühe
Grauschimmel	Bio-S (Heilkräuter + Schwefel)
Tierische Schädlinge	**Biologisches Mittel**
Raupen	*Bacillus thuringiensis*
Blatt-, Woll-, Schildläuse, Thripse Spinnmilben Weiße Fliege	Brennesseljauche Comfreyjauche Pflanzenpflegeseifen Neudosan (Fettsäuren) Bio-Myctan (Lezithin, Pyrethrum) Promanal (Paraffinöl)
Blattwespen, Käfer	Natur-Pyrethrum, Nematoden (gegen Dickmaulrüßlerlarven), Wühlmäuse, Kaiserkrone, Wolfsmilch

sind die Folge, eventuell stirbt die Pflanze ab. Da Kletterpflanzen häufig unmittelbar an Weg und Hofflächen gepflanzt wurden, drohen ihnen Schäden durch Streusalz und Autoabgase. Blattfall, Verfärbungen, partielles oder vollständiges Vertrocknen können die Folgen sein. Diese Einwirkungen müssen bereits bei der Planung einer Bepflanzung berücksichtigt und entsprechend abgeschirmt werden. Holzschutzmittel verdampfen bei Erwärmung und können auf diese Weise Schäden verursachen. Wir sollten daher druckimprägnierten Pergolen den Vorzug geben, die eine weitere Behandlung ersparen oder minder schädliche Mittel auf Wasserbasis verwenden. Die Zeit der wochenlang stinkenden, schmierigen und gesundheitsschädigenden Holzschutzöle sollte endgültig vorbei sein.

Vermehrung

Aussaat

Alle frostempfindlichen, einjährig gezogenen Freilandkletterer werden durch Aussaat im Gewächshaus, im Frühbeetkasten oder an Kellerfenstern ab Februar-März vorkultiviert.

Die Aussaaten der winterharten Kletterpflanzen werden ähnlich durchgeführt, allerdings kann bei einigen dieser Arten die Herbstaussaat unmittelbar nach Blüte und Frucht erforderlich sein, da sie Überliegen oder den Kältereiz niedriger Temperaturen zur Keimung benötigen. Details zu den einzelnen Arten sind im Kapitel »Die schönsten Kletterpflanzen und ihre Kultur« zu finden. Wir benutzen zur Aussaat Ton- oder Plastiktöpfe von 7 cm Durchmesser.

Für große Samenmengen können Aussaatschalen aus Kunststoff verwendet werden. Die Saatgefäße werden mit einer fertigen, im Gartenhandel erhältlichen Aussaaterde bis 1 cm unter den Rand gefüllt. Wer selber mischen will, nimmt 2 Teile Humus, 2 Teile Sand und 1 Teil Lehm. Die Oberfläche wird fest angedrückt. Größere Samen, z.B. von der Duftwicke, können gleich in portionierte Pikierschalen gesät werden, deren einzelne Felder sie mit ihren Wurzeln durchwachsen und einen Ballen bilden, was die Pflanzung erleichtert.

Die Aussaattiefe beträgt das drei- bis vierfache der Samengröße. Kleinere Samen werden der Aussaaterde angedrückt und dann dünn mit dem Substrat oder etwas Sand überstreut. Die Aussaattöpfe werden kühl und schattig aufgestellt, z.B. in Anzuchtkästen an der Nordseite des Hauses, und vorsichtig gegossen. Die Erde darf nicht austrocknen. Nach ihrer Keimung werden die Sämlinge das erste Mal pikiert, wenn die Primärblattbildung begonnen hat. Jetzt muß unbedingt für ausreichend Licht gesorgt werden. Die Verpflanzung geschieht in Pikierschalen oder kleinen Torfpreßtöpfen, die bei der späteren Pflanzung gleich mit versenkt werden.

Bevor die Sämlinge an ihren endgültigen Wuchsort gelangen, sollten wir sie allmählich ans Freiland gewöhnen. Gegen Starkregen und pralle Sonne hilft eine leichte Beschattung, z.B. durch überspannte Netze. Natürlich ist auch Freilandsaat ab Mai möglich, doch droht dann Mäuse- und Vogelfraß und die Pflanzen brauchen einige Wochen länger für ihr Erscheinen. Aussaat ist auch bei langlebigen winterharten Arten die wichtigste Art der Vermehrung und geschieht in ähnlicher Weise wie für die einjährigen beschrieben. Sind die Keimungsraten nur gering, so kann eine Keimhemmung vorliegen, die durch Kälteeinwirkung gebrochen werden muß. In diesem Fall werden die Aussaatschalen für fünf bis sieben Tage bei Temperaturen um 0 °C ins Freie gestellt und danach wieder ins Anzuchthaushaus geholt. Die Aussaat bietet die Möglichkeit, neue interessante Sorten auszulesen.

Wir sollten stets bedenken, daß die Rekombination der Erbanlagen vor der Samenbildung zu neuen Eigenschaften der Tochterpflanzen führen wird. So geht manches vielleicht besonders geschätzte Merkmal der Eltern möglicherweise bei der Vermehrung über Samen verloren. Nach eigenen Untersuchungen nützt eine längere oder kältere Kälteexposition nichts, sondern vermindert eher die Keimkraft. Sollen die Nachkommen bestimmte Blattfärbungen, Blütenfarben oder Wuchsformen erhalten, dann kommt nur die vegetative Vermehrung über Stecklinge und Absenker in Frage.

Steckhölzer werden 6 bis 8 cm lang geschnitten.

Stecklinge und Steckhölzer

Die meisten Gartenfreunde werden sich damit begnügen, Kletterpflanzen entsprechend ihrem Bedarf auszuwählen und dann in der Baumschule zu kaufen. Fast alle Arten werden heute zu erschwinglichen Preisen angeboten und sind ständig verfügbar. Es könnte jedoch passieren, daß eine ganz bestimmte Pflanze die Aufmerksamkeit eines Pflanzenfreundes erregt und er nur dieses Objekt seiner Begierde im Garten haben möchte. Oder er stößt auf seltene, alte Sorten, die nicht mehr im Handel sind und möchte sie weitergeben. In solchen Fällen wird man um die vegetative Vermehrung dieser Schätze nicht herumkommen. Z.B. sind Efeu so leicht zu vermehren, daß man sie aus diesem Grunde an Nachbarn und Freunde weitergeben könnte.

Nur ein bis zwei Knospen der Steckhölzer dürfen aus der Erde herausschauen.

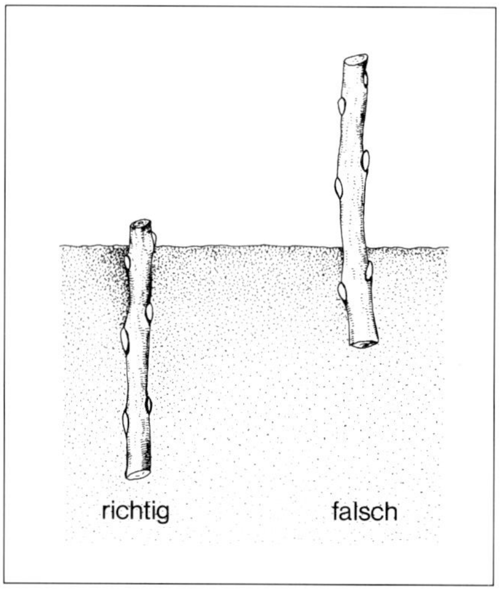

Häufig wird die vegetative Vermehrung über Sommerstecklinge gehen. Sie werden von Juni bis August unter einer Blattansatzstelle 6 bis 8 cm lang geschnitten. Der Schnitt erfolgt mit der Gartenschere oder dem Messer. Um die Bewurzelung zu fördern, kann ein etwa 2 cm langer Rindenstreifen durch einen abwärts geführten, schrägen Schnitt gelöst werden. Die Wundgewebebildung und die nachfolgende Bewurzelung setzen dann auf größerer Fläche ein. Die Achsen sollten halbreif sein, d.h. nicht mehr krautig, aber gerade mit beginnender Verholzung. Die Zaunreben *Ampelopsis* wurzeln leichter an krautigen Stecklingen. Bevor wir die Stecklinge in einen Stecklingskasten setzen, werden die größten unteren Blätter entfernt, um die Verdunstung zu vermindern und Fäulnis zu vermeiden. Es wird so flach wie möglich gesteckt, allerdings muß Standfestigkeit gewährleistet sein, also gut andrücken. Die Stecklingserde besteht aus Humus und Sand, zwei Substrate die ein leichtes Anwurzeln ermöglichen und durch ihre Durchlässigkeit Fäulnis verhindern sollen. Eine hohe Luftfeuchtigkeit verhindert das Austrocknen der Stecklinge. Daher erfolgt die Vermehrung in einem Kasten, der oben von einer Glasscheibe oder durchsichtigen Folie abgedeckt wird. Häufiges tägliches Sprayen, Lüften und Temperaturen zwischen 20 und 25 °C fördern die Bewurzelung. Sie dauert je nach Art einige Wochen bis viele Monate. Ausfälle machen sich durch Vertrocknen oder Verfaulen bemerkbar. Bewurzelte Stecklinge bleiben grün und beginnen zu wachsen. Schließlich wird in 9 cm Töpfe gepflanzt, die bei kühlen aber frostfreien Temperaturen überwintern.

Eine Variante der Stecklingsvermehrung ist die Steckholzvermehrung. Steckhölzer werden auf 15 bis 30 cm Länge im

Winter aus den verholzten, nicht zu alten Trieben älterer Kletterpflanzen geschnitten. Wir lagern sie den Winter über kühl aber frostfrei in Sand. Ab Ende März wird in einen lockeren Gartenboden gesteckt. Dabei stechen wir schmale Reihen aus dem Boden, in die die Steckhölzer so hineingedrückt werden, daß nur noch ein bis zwei Augen herausschauen. Danach muß regelmäßig gewässert werden. Bis Juni setzt die Wurzelbildung ein.

Efeu kann leicht und in großer Menge durch aufliegende Sproßstücke vermehrt werden. Hierzu schneiden wir ab Juni etwa 20 cm lange Efeutriebe der kletternden Jugendform ab und legen sie kreisförmig auf Töpfe mit Stecklingserde. An wenigstens vier Stellen werden die Achsen durch Stöckchen oder U-Drähte dem Boden angedrückt. Bereits nach einigen Wochen hat das Efeu mit seinen sproßbürtigen Wurzeln das Substrat erobert und kann mit Ballen ausgepflanzt werden.

Absenker und Ableger

Eine Reihe von Kletterpflanzen wie *Clematis*, *Parthenocissus* und *Actinidia* lassen sich durch Absenker gut vermehren. Dazu wird im Frühling eine Achse von der Pflanze auf den Boden zurückgeführt, in ein Loch von etwa 15 cm Tiefe gelegt und mit Erde bedeckt. Eventuell ist es erforderlich, Steine zur Beschwerung aufzulegen, um langfristig ein Zurückschnellen der elastischen Sprosse zu verhindern. Die aus dem Boden ragende Sproßspitze wird aufrecht an einen kleinen Stock gebunden. Ein flacher Schnitt in die Rinde der bogig versenkten Achse kann die Wurzelbildung fördern. Der Boden um die versenkte Stelle muß humos-sandig sein und gegebenenfalls verbessert werden. Die Bewurzelung dauert oft viele Monate bis mehrere Jahre. Ist sie erfolgt, wird die Tochterpflanze von der Mutter abgeschnitten und verpflanzt. Eine Variante der Absenker sind die Ableger. Das Ablegen funktioniert im Prinzip wie das Absenken, nur daß dabei ein längerer Abschnitt mit vielen Knoten im Boden versenkt wird. An jedem Knoten könnten sich Wurzeln bilden, so daß wir mit einem Schlag mehrere Tochterpflanzen nach der Trennung voneinander gewonnen haben.

Teilung

Einige Kletterpflanzen wie der Mondsame *(Menispermum)*, die Quetschblume *(Thladiantha)*, die Orient-Baumschlinge *(Periploca)* und die ausdauernden Platterbsen *(Lathyrus)* lassen sich durch Teilung vermehren, da sie Ausläufer bilden. Sie lassen die Pflanze horstig wachsen, wobei der Horst jedes Jahr an Umfang zunimmt. Die Teilung setzt ältere Pflanzen mit gut entwickelten Horsten voraus, die durch eine Abtrennung nicht geschädigt werden. Im Frühling oder Herbst stechen wir einen Teil des Horstes ab und pflanzen ihn sofort in ein Pflanzloch oder in einen Topf. Gut einschlämmen, um den Kontakt zur Umgebung herzustellen. Sind die Wurzeln schwach entwickelt, empfiehlt sich ein Einkürzen der oberirdischen Triebe mit der Gartenschere. Bewurzelnde Achsen, die nach Abtrennung als selbständige Pflanzen weiterwachsen entwickeln die Brombeeren (*Rubus fruticosus*), der Winterjasmin (*Jasminum nudiflorum*) und das Zimbelkraut (*Cymbalaria muralis*).

Verzeichnisse

Literatur

Althaus, C.: Bauschäden durch Selbstklimmer. Gartenpraxis 8/1987: 24–28.
Althaus, C.: Parthenocissus (1). Verwirrung um 'Veitchii'. Gartenpraxis 2/1990: 17–21.
Althaus, C.: Parthenocissus (2). Die Eigenschaft der Arten und Sorten. Gartenpraxis 3/1990: 14–18.
Althaus, C.: Parthenocissus (3). Kultur und Verwendung.Gartenpraxis4/1990:28–33.
Althaus, C.: Statische Probleme mit Kletterpflanzen? Gartenpraxis 3/1992: 50–53.
Bärtels, A.: Schöne Clematis. Ulmer, Stuttgart 1989.
Bärtels, A.: Gartengehölze. 3. Auflage. Ulmer, Stuttgart 1991.
Bärtels, A.: : Fingerfruchtgewächse als Kletterpflanzen. Gartenpraxis 7/1993: 24–26.
Fitschen, J.: Gehölzflora. 8. Auflage. Quelle & Meyer, Heidelberg 1987.
Genaust, H.: Etymologisches Wörterbuch der botanischen Pflanzennamen. Birkhäuser, Basel 1983.
Gottschalk, M.: Alte und neue Hybriden der Passionsblumen. Gartenpraxis 1/1991: 46–51.
Gottschalk, M.: Pflegenswerte Passiflora-Arten. Gartenpraxis 7/1991: 52–59.
Gray-Wilson, C.: Clematis. The Plantsman 7.4/1986.
Heieck, I. : Schöne Efeus. Ulmer, Stuttgart 1992.
Hecker, U.: Osterluzei. Gartenpraxis 3/1987: 20–23.
Hecker, U.: Eccremocarpus. Eine schönblütige Liane aus Südamerika. Gartenpraxis 6/1991: 39.
Kawollek, W.: Handbuch der Pflanzenvermehrung. Neumann-Neudamm, Melsungen 1987.
Kleeberg, J., Dapper, H. : Ein grünender und blühender Mantel für jedes Haus. Gartenpraxis 2/1983: 8–14.
Lord, T.: Ramblerrosen in Britischen Gärten. Gartenpraxis 7/1991: 8–15.
Menzel, P.& I.: Das Kletterpflanzen-Buch. Ulmer, Stuttgart 1988.
Rose, P.Q.: Climbers and Wall Plants. Blandford, London 1990.
Taylor, J.: Climbing Plants. Reed International, London 1991.
Titchmarsh, A.: Climbers and Wall Plants. Ward Lock, London 1987.

Bezugsquellen

Die meisten Kletterpflanzen sind über örtliche Baumschulen zu beziehen. Wer dort nicht fündig wird, kann sich an Spezialisten wenden:

Hesse, Kommerzienrat-Hesse-Str. 4
26826 Weener
Jensen, Hermann-Löns-Weg 39
24939 Flensburg

Peine, Aubingerstr. 172
81243 München

Von Ehren, Kanzleistr. 48
22609 Hamburg-Nienstedten

W. Kordes (Rosen)
25365 Klein Offenseth-Sparrieshoop

E. Wohlt, Wedeler Weg 223
25421 Pinneberg

Efeu Abtei Neuburg, Stiftweg 2,
69118 Heidelberg

Klettergerüste
SYSTEC-Fassadenbegrünung
Möndenweg 60, 79594 Inzlingen

VERMATEC, Allkofen 1
93098 Mintraching

Biologische Schädlingsbekämpfung und Nützlinge
W. Neudorff, Postfach 1209, 31857 Emmerthal

Register

Halbfette Seitenzahlen weisen auf Textschwerpunkte, Sternchen auf Abbildungen hin.

Bildquellen

Andreas Bärtels, Waake: Seite 11, 14 oben, 21 oben und unten, 36, 37, 39, 58, 75, Umschlagrückseite.
Rolf Callauch, Bösinghausen: Seite 7, 14 unten, 17, 31, 32 oben, 33, 42, 50, 51, 52, 53, 56, 60, 66, 70, 73, 80.
Fritz Köhlein, Bindlach: Seite 20.
Hans Reinhard, Heiligkreuzsteinach: Titelbild, Seite 2, 13, 15, 26, 28, 29, 32 unten, 43, 44, 47, 49, 54, 59 unten, 61, 62 unten, 64, 65, 68, 72 unten, 74, 77 oben, 78, 79, 81.
Sebastian Seidl, Altdorf: Seite 6, 8, 18, 23, 45, 46, 59 oben, 62 oben, 63, 72 oben, 77 unten.
Die Zeichnungen fertigte Piotr Gusta, Stuttgart, nach Vorlagen des Autors.